Sérgio Viotti

O Cavalheiro das Artes

GOVERNO DO ESTADO DE SÃO PAULO
RESPEITO POR VOCÊ

Governador — Geraldo Alckmin
Secretário Chefe da Casa Civil — Arnaldo Madeira

Imprensa Oficial do Estado de São Paulo

Diretor-presidente — Hubert Alquéres
Diretor Vice-presidente — Luiz Carlos Frigerio
Diretor Industrial — Teiji Tomioka
Diretor Financeiro e Administrativo — Alexandre Alves Schneider
Núcleo de Projetos Institucionais — Vera Lucia Wey

CULTURA Fundação Padre Anchieta

Fundação Padre Anchieta

Presidente — Marcos Mendonça
Projetos Especiais — Adélia Lombardi
Diretor de Programação — Rita Okamura

Coleção Aplauso Perfil

Coordenador Geral — Rubens Ewald Filho
Coordenador Operacional e Pesquisa Iconográfica — Marcelo Pestana
Revisão — Andressa Veronesi
Projeto Gráfico e Editoração — Carlos Cirne

Sérgio Viotti

O Cavalheiro das Artes

por Nilu Lebert

CULTURA
Fundação Padre Anchieta

imprensaoficial

São Paulo, 2004

Dados Internacionais de Catalogação na Publicação (CIP)
(Câmara Brasileira do Livro, SP, Brasil)

Lebert, Nilu
Sérgio Viotti : o cavalheiro das artes / por Nilu Lebert. -- São Paulo : Imprensa Oficial do Estado de São Paulo : Cultura - Fundação Padre Anchieta, 2004. --
208p. : il. - (Coleção aplauso. Série perfil / coordenador geral Rubens Ewald Filho)

ISBN 85-7060-233-2 (obra completa) (Imprensa Oficial)
ISBN 85-7060-268-5 (Imprensa Oficial)

1. Atores e atrizes de teatro - Crítica e interpretação 2. Atores e atrizes de televisão - Crítica e interpretação 3. Críticos de arte - Brasil 4. Escritores brasileiros - Biografia 5. Rádio - Brasil - História 6. Viotti, Sérgio, 1927- I. Ewald Filho, Rubens. II. Título. III. Série.

04-3579 CDD-791.092

Índices para catálogo sistemático:

1. Atores brasileiros : Biografia e obra :
Crítica e interpretação : Representações
públicas : Artes 791.092

Foi feito o depósito legal na Biblioteca Nacional (Lei nº 1.825, de 20/12/1907).

Imprensa Oficial do Estado de São Paulo

Rua da Mooca, 1921 - Mooca
03103-902 - São Paulo - SP - Brasil
Tel.: (0xx11) 6099-9800
Fax: (0xx11) 6099-9674
www.imprensaoficial.com.br
e-mail: livros@imprensaoficial.com.br
SAC 0800-123401

Apresentação

Muito antes de conhecer Sérgio Viotti pessoalmente já conhecia sua voz - a voz de Deus, como diz Andrés Bukowinsky. No início dos anos 60 ele apresentava na *Rádio Eldorado* o programa *Bastidores*, que evidentemente era um programa sobre teatro. Sérgio Viotti sabia tudo. Afinal tinha vivido muitos anos em Londres, assinava todas as revistas especializadas, lia o *Times* e o *New York Times*, e ainda por cima era poliglota. Eu nem sonhava em me tornar dramaturga - atriz talvez - mas todos os sábados aguardava a voz de Deus que me acenava com um mundo distante e adorável do qual eu queria fazer parte.

Em 1981 finalmente nos conhecemos numa festa promovida por Sabina de Libman, para celebrar os cem anos de nascimento de Picasso. Exigia-se que as fantasias dos convidados fossem alusivas à vida ou obra do pintor e fomos todos *comme il faut*, alguns soberbamente caracterizados. Não era nosso caso.

Enrolei-me num imenso xale espanhol e me apresentei como Olga Koklova. Sérgio com aquela boina suponho que era o próprio Picasso. Fantasiado de toureiro, Dorival Carper, que já me conhecia, fez as apresentações. Três anos antes, tinha estado no seu programa da *Rádio Cultura*, para falar sobre *Bodas de Papel* - a minha primeira peça de teatro.

Todos se recordam daquela festa em casa de Sabina de Libman como uma noite memorável. Para mim seria mais que isso: foi a noite em que eu conheci Sérgio Viotti e conversamos horas a fio sem nos darmos conta o que acontecia em torno. A nossa festa foi outra, a rara festa do encontro, e concordamos que foi uma noite memorável porque ali nos tornamos amigos de infância. Desde então nos envolve uma fraternidade que se mistura com cumplicidade, uma rica modalidade de afeto que num momento é pródigo em palavras e em outro as dispensa quase totalmente, sobretudo quando o assunto é de natureza íntima.

Creio que o nome disso seja respeito, discrição, ou apenas boa educação como diria Lígia, a mãe do Sérgio, que conheci no esplendor dos seus 70 anos, ainda bela e *coquette*.

Foi por conta desse respeito, desta vez profissional, que desejei ter o Sérgio Viotti em todos os textos onde se fazia necessário um cavalheiro chique.

Quando o Cassiano Gabus Mendes me convidou em 1990 para escrever com ele a novela *Meu bem, Meu mal* em que havia um homem com o sentido apurado do bom-gosto e da boa comida, um acidental e bem humorado Pigmaleão, sugeri que se convidasse Sérgio Viotti, já que Toledo, personagem construído à sua imagem e semelhança, só podia mesmo ser feito por ele.

E para provar o ecletismo do ator, em *Anjo Mau* o convidaria para fazer Seu Américo, um imigrante português de origem humilde que fez a América, mas continuava fiel ao acento e às suas tradições.

E já que falamos de sotaque, Sérgio Viotti é um dos poucos atores brasileiros que consegue realmente fazer um português convincente para o público lusitano. A maioria tenta com resultados sofríveis e/ou constrangedores.

Digo isso porque nasci em Portugal e nada incomoda mais aos portugueses que a representação canhestra daquilo que não somos.

E é tal o prazer de ver o Sérgio Viotti atuando que ele está presente em quase todos os meus trabalhos na TV, mesmo que seja apenas uma pequena participação como foi em *A Casa das Sete Mulheres*. Ele acabou assim por se tornar uma espécie de *porte-bonheur*, presença benfazeja na arte quanto tem sido na minha vida desde aquela noite memorável. Ainda hoje celebramos nosso encontro. Ainda hoje celebro o encanto que continua representando para mim cada um de nossos encontros.

Maria Adelaide Amaral

Introdução

Impossível falar sobre a produção cultural brasileira das últimas décadas sem incluir o nome de Sérgio Viotti. Responsável pela criação da *Rádio Cultura* e da *Rádio Eldorado FM*, em São Paulo, seus trabalhos como diretor, adaptador, tradutor e ator em dezenas de peças teatrais e em novelas e minisséries de televisão representam um marco no cenário artístico nacional. Romancista e escritor premiado, Sérgio nasceu, viveu e continua vivendo cercado pelas Artes. O Belo é seu alimento, o pão de cada dia que ele faz questão de repartir, generoso que é.

Nos conhecemos pessoalmente há mais de uma década, num jantar oferecido por Maria Adelaide Amaral. Bem antes disso, eu já havia me rendido - como admiradora anônima - aos seus múltiplos talentos. A admiração alicerçou uma amizade, depurada ao longo do tempo. Raro presente.

Para que este livro se transformasse em realidade passamos diversas tardes juntos em seu apartamento na Rua D. Veridiana, em São Paulo, um cenário rico em obras de arte colhidas pelo bom gosto. Foram quase 20 horas de gravação, horas de puro prazer permeadas por lembranças de família, amigos, desafios profissionais, aprendizados e relatos de viagens. Sem nunca perder o senso de humor, Sérgio riu e também se emocionou às lágrimas ao rememorar as emoções vividas no palco e fora dele. Falamos de Vida, matéria-prima do ator e do homem sensível que Sérgio é.

No meio daquelas tardes, um momento britânico na hora do chá, hábito adquirido na Inglaterra durante os nove anos em ele que trabalhou na *Rádio BBC*, em Londres. Chá, geléias, porcelana e prataria inglesas valorizando as torradas e o indispensável queijo mineiro, talvez uma homenagem às férias na casa de vovô Manoel Viotti, em Caxambú. À mesa, toalha e guardanapos de linho impecavelmente cuidados por D. Chiquinha que, de tantos anos trabalhando na casa de Sérgio, hoje faz parte da família.

Guloso confesso, Sérgio se extasia como uma criança na hora do recreio. Sou testemunha do brilho que seus olhos adquirem diante de uma pizza de aliche, de um bolo de chocolate ou das almôndegas preparadas por Chiquinha. Mas a gulodice não pára por aí e inclui seu saudável prazer em degustar a vida, saboreando cada momento como combustível infalível para vôos cada vez mais altos.

Ler os livros de Sérgio, sempre tão bem construídos, é um jeito prazeroso de conhecer melhor o arquiteto de palavras e de idéias que ele é. Ver Sérgio atuar é constatar seus poderes mágicos, que transformam ilusões em verdades concretas. Ágil na manipulação, ele retira de um baralho imaginário cartas-personagens deixando a platéia extasiada como crianças que assistem ao ilusionista tirar pombas e coelhos da cartola. Do traficante insensível (*O Contato* - 1961) aos personagens shakesperianos de *As Idades do Homem* (1995), Sérgio interpretou padres, mafiosos, aristocratas e homens do povo com o mesmo vigor e verdade. Creio que esse "milagre" acontece graças a um componente especial contido no DNA dos grandes artistas e que o público aplaude e identifica como talento.

Viotti se considera *"um afilhado dos deuses"* e, acredito, a maior prova disso é que ele sabe manipular suas próprias ferramentas com habilidade e sabedoria. Quando lhe perguntei, anos atrás, qual o segredo de sua energia e vitalidade, a resposta veio, imediata: *"A cada dia procuro aprender alguma coisa nova".*

Para um humanista como Sérgio, **aprender** se completa com **ensinar.** Por sugestão dele incluímos, no final deste livro, as perguntas (e respostas) mais freqüentes feitas por seus alunos dos cursos de Teatro que ministra. Sem sombra de dúvida, uma colaboração extra e generosa para todos aqueles que se interessam pela arte de representar e pelo mundo mágico dos palcos.

Agora, vire a página e acomode-se bem. As cortinas irão se abrir, já foi dado o último sinal. Com você, Sérgio Viotti.

Nilu Lebert

Janeiro, 2004

Para todos vocês que me acompanharam no teatro ou fora dele, o meu carinho e o meu obrigado por terem cruzado pelo meu caminho.

Sérgio Viotti
Fevereiro, 2004

Casamento dos pais, em junho de 1926

Capítulo I

Ruas tranquilas e arborizadas com grandes sobrados avarandados de enormes quintais eram características do bairro paulistano de Higienópolis, onde nasci. Todas as ruas tinham nomes de estados brasileiros: Rio de Janeiro, Pernambuco, Mato Grosso, Alagoas... Eu nasci na Rua Ceará, no dia 14 de março de 1927, na casa dos tios Gáudio e Santinha (ele era irmão do meu pai e, ela, da minha mãe) e vim ao mundo pelas mãos da dona Maria Parteira - que era quem fazia os partos da família.

Morávamos, meus pais e eu, na rua Sergipe e meu avô na Av. Angélica. Os Viotti são mineiros e eram poucos os que viviam em São Paulo. Só o irmão de vovô, tio Chico, que era casado com uma prima, Marianinha Abraches. Minhas tias–avós maternas também moravam em Higienópolis, onde passei minha infância, brincando na Praça Buenos Aires e no imenso quintal da casa do vovô, meu universo infantil. Meu avô, Manoel Viotti, era mineiro como seu pai. Ele se casou em segundas núpcias com minha avó Maria, uma portuguesa de Vizeu. Assim, a casa deles era uma curiosa mistura de Minas com Portugal.

Do ponto de vista gastronômico era lusitana, mas o ritmo era absolutamente mineiro.

Era um daqueles casarões na Angélica com um quintal imenso, mais de 90 metros de fundo. Tinha um pomar cheio de pés de mexirica, laranja azeda, romã, mamoeiros (que eu gostava de "apunhalar" para ver o sangue branco), e até um pé de urucum. Havia uma área cimentada onde eu brincava muito, e um gramado com aquela grama de tufo - o coradouro para alvejar as roupas ao sol. Lá havia um monte de areia grossa. Eu tinha blocos de madeira que usava para armar casas. Com eles, espalhados pela areia, construía as "minhas cidades". Foi das minhas primeiras distrações.

Quando eu tinha meus 10 anos, vi a fita do Capitão Blood. Me impressionou tanto que eu surrupiava as varetas que prendiam a passadeira da escada lá de casa e as transformava nas minhas espadas. Eu me sentia o próprio Capitão Blood. Foi meu primeiro personagem.

Com o pai, na chácara, em 1928

17

As férias em Caxambú, na casa do meu avô deixaram entranhada uma mineirice em mim, povoada pelos parentes mineiros, pelo sabor do doce de pêssego verde-escuro feito pelas tias velhas de Baependi. Com os caroços, faziam um delicioso licor de um rosa intenso, inesquecível, receita que as "danadas" levaram para o túmulo. Sempre me senti (e ainda me sinto) um pouco mineiro, apesar da origem inglesa (família Peake) por parte da minha avó materna, e dos italianos do Piemonte.

Curiosamente, foi só durante a guerra que me dei conta de que meu sobrenome era italiano. Verdade, jamais sofri a menor discriminação. Para nós era apenas um sobrenome. Ninguém falava italiano na família e não tínhamos a menor ligação cultural com a Itália. De fato, éramos, na realidade, a mais antiga família ítalo-mineira do Brasil, já que o jovem Francisco chegara a Baipendi em 1822. Ele e um casal de irmãos saíram de Gênova rumo a Buenos Aires e, só Deus sabe porque, ele resolveu ficar na Bahia. Mais inexplicável ainda é este boticário ter ido parar no sul de Minas.

Com a mãe, no Guarujá, em 1930

Nem mesmo o jesuíta padre Hélio Viotti, que dedicou vários anos e horas de sua vida fazendo o levantamento de quem nós éramos, conseguiu descobrir porquê. Os outros irmãos que foram para Buenos Aires não deixaram descendentes.
A presença inglesa foi muito mais marcante. Na casa da minha avó, Helena Silveira, o chá e as revistas *Illustrated London News* e o *Punch* eram o reverso da medalha. Meu bisavô, John Peake, viera para o Brasil com a equipe de engenheiros que construíram a *São Paulo Railway*. Passando pela chácara da família da minha bisavó, os Franco da Rocha, viu Amélia Sophia pendurada numa mangueira e se apaixonou prontamente. Casaram-se e ele nunca mais voltou para Dover, onde nascera. Os filhos podiam estudar fora mas ele não arredou pé.

Por outro lado, a família da minha avó orgulhava-se enormemente de ser descendentes de Amador Bueno. E sempre o relembravam de boca cheia. No livro do Laudelino Freire sobre "o aclamado", aparece um "Sérgio – menor". Sou eu. E assim eu fui crescendo entre Pouso Alegre e Kent, entre Viseu e São Paulo.

Bisavós maternos, John Peake e Amélia Sofia Franco da Rocha de Menezes

Tudo que vivi na casa de meu avô me influenciou muito. Ele era advogado e dedicava muito do seu tempo a Academia Paulista de Ciências e Letras. Escreveu no *Diário Popular* durante anos, publicou contos e até peças de teatro em um ato. Havia uma em especial chamada *Casar es Bueno*, que foi publicada em Buenos Aires, o que me enchia de orgulho. Mas o que ele fez de mais importante, creio eu, foi um *Dicionário da Gíria Brasileira* que não incluía nenhuma expressão já absorvida pela língua. Nele só se encontravam verbetes que não apareciam em nenhum outro dicionário. Ele foi diretor de Segurança Pública de São Paulo e o responsável pela implantação do serviço de identificação datiloscópica no Brasil, durante a década de 20. Me lembro de que quando fui tirar a minha primeira carteira de identidade, entrei no Departamento de Identificação e quando os funcionários viram, pelo meu nome, que eu era neto do Dr. Manoel, bateram palmas. Creio que foi a primeira vez em que eu fui aplaudido.

Meu avô tinha uma máquina de escrever *Royal* que me fascinava.

Avós maternos, Helena e Francisco Silveira

Tia Nenê Peake na Holanda, e tio Robert Peake, 1913

Sempre que eu me via sozinho no escritório, batucava um pouquinho. Quando ele percebeu a traquinagem, em vez de me repreender, disse que ía me ensinar datilografia. E foi assim que eu comecei a ajudá-lo a fazer as fichas dos verbetes do dicionário. Missão cumprida, ele me dava uma moeda de quatrocentos réis. Munido com ela, eu corria à lojinha do Amintas, que ficava bem no meio da Rua Maceió. Lá eu comprava balas, chocolates, pirulitos e deliciosas marias-moles.

Na esquina com a Angélica havia uma padaria maravilhosa. Por volta das quatro da tarde saía uma fornada de pãesinhos que uma das empregadas da casa da minha avó ia comprar. Eu estudava no Ginásio Panamericano, na Rua Marquês de Paranaguá, de onde corria para pegar o lanche da tarde na copa da vovó. A responsável por aqueles domínios era a cozinheira Adelina, uma portuguesa bravíssima de 1,50 m, que estava na família desde que meu pai era menino. Além dela havia a Clotilde, a Arminda, que foi minha babá, e a Maria Pretinha.

A Clotilde, uma cabocla muito bonita, casou-se bem. A Arminda fugiu com um soldado. A Maria Pretinha, não sei. Parece poesia do Drummond mas não é.

A minha melhor companhia, na falta de quem brincasse comigo, eram os livros. No escritório do vovô havia uma porção deles. Ele permitia que eu mexesse em tudo contanto que botasse no lugar de novo e, se eu quisesse ler alguma coisa inadequada, não do ponto de vista moral, mas por ser um pouco adulto para a minha idade, ele me dizia *"Não, ainda é cedo, você não vai entender. Deixe isso para ler mais tarde"*. Ao meu tio Gáudio devo minha iniciação musical. Ele punha os discos na vitrola e me ensinava a identificar os diversos instrumentos. Ele me fez ouvir Mozart, Beethoven e Tchaicovsky pela primeira vez, e me levava aos concertos no Teatro Municipal. Experiência maravilhosa para um adolescente, lições que ficaram em mim para o resto da vida e muito mais tarde serviriam para meu trabalho. Apesar de ser filho único, nunca me senti sozinho. E nem era muito perseguido porque eu passava a maior parte do tempo na casa dos meus avós. Nessa época, mamãe era dada a achaques. Vivia desmaiando. O curioso é que depois se transformou numa mulher forte, até demais. Quando aprendeu a guiar (o famoso Studebaker preto apelidado de "Silveirinha", chapa 277, número de que minha mãe muito se orgulhava) virou outra pessoa.

Com a avó, Helena Silveira

Papai era homem de poucas falas. De vez em quando estava de péssimo humor, outras vezes se mostrava bem-humorado mas continuava não dizendo nada. Mamãe, flutuava. Cobria-me de carinhos que eu considerava exagerados e até fugia dela por causa disso. É temperamento: sou carinhoso mas não sou efusivo. Minha mãe era efusiva sem ser carinhosa. Há uma diferença bastante grande aí, mas eu só me daria conta disso muitos anos depois.

Naquela época, todos tocavam piano, inclusive meus pais. Meu tio Gáudio, além de tocar extremamente bem, compunha e pintava. Na casa de meu avô não se podia fazer música quando ele estava por perto. Para ele, música era ruído. Tinha enxaquecas homéricas, privilégio da família.

Eu também tive enxaquecas fantásticas, até os cinquenta anos. Depois, desapareceram.

Li Monteiro Lobato muito cedo. Adorei. O normal seria ler depois Robinson Crusoé, Raptado, A Ilha do Tesouro, a Coleção Terra Mar e Ar e Tarzã. Eu não li nada disso. Pulei do Lobato e de um livro lindo que se chamava Lendas e

Contos da Rússia para José de Alencar, sem Julio Verne para fazer a transição. Quem me ajudou a dar esse salto foi o tio Gáudio. Me fez conhecer Alencar, depois o Machado, e logo depois o Eça. Eu, com os meus 14 anos, lendo o Eça, imagine!

Os livros mexiam com a minha curiosidade e as publicações da Coleção Nobel (da editora gaúcha O Globo) confirmaram minha gulodice por leitura. Então veio a vontade de ler em outras línguas. Meu pai falava bem inglês e francês mas, apesar do sobrenome, ninguém falava italiano. Papai estudou com o Vanzolini, que escreveu uma gramática italiana que guardo comigo até hoje. Foi meu pai quem me iniciou no inglês e no francês , mas afirmava que *"italiano você não precisa estudar, vai lendo sozinho. Vai lendo em voz alta que aí você entende tudo."* E é verdade. É evidente que algumas palavras eu tinha que olhar no dicionário, mas conseguia entender a maior parte do texto.

Nos mudamos para a Rua Itaguaí, no Pacaembu, no fim de 1936. Agora é Rua Livreiro Saraiva.

Com sua prima Vera, na Av. Angélica, 1934

Mudar de Itaguaí para Livreiro Saraiva é um crime. A City tinha começado a fazer o loteamento do bairro e as ruas ainda eram de terra, sem luz. O Pacaembu não era nada. Na volta dos concertos do Municipal com meu tio Gáudio, eu tomava o bonde das Perdizes ali na Light (Cia. de Luz e Força de São Paulo, hoje Shopping Light), saltava no alto da Cardoso de Almeida e caminhava pela Caiubi abaixo, num breu absoluto, sem receio algum. Naquela época, São Paulo era uma cidade seguríssima.

Meu contato com o teatro começou cedo. Eu ia sempre com a mãe, e tive a sorte de ver Jayme Costa, Procópio, Dulcina. Genésio Arruda e Beatriz Costa, famosa comediante portuguesa que fazia teatro de revista no Parque Antártica, eu ia ver com a Adelina. No Municipal, ouvi Bidu Sayão cantando La Bohème, Gina Cigna cantando Tosca, Zacconi interpretando L'Ombra (Dario Nicodemi) e tantos outros artistas inesquecíveis. Tenho que admitir que tive uma educação eclética, maravilhosa. Eu adorava cinema, ía todas as semanas ao Astúrias (que acabou se transformando no Cine Belas Artes) com minha avó e as tias. No América, na Consolação entre a Coronel José Euzébio e a Maceió, eu entrava de graça porque pulava o muro dos fundos e entrava na sala de exibição pelo mictório... Foi lá que assiti meu primeiro *Os Miseráveis*, com Harry Baur. Havia também, na mesma Consolação, perto da hoje Av. São Luiz, o Odeon, que tinha três salas: Vermelha, Azul e Verde. No meu tempo esta última já não existia. As vesperais aos sábados, na sala Vermelha, eram obrigatórias, e eu ía com minhas tias Lourdes e Lavínia. Era no Odeon que se realizavam os grandes bailes populares do carnaval de São Paulo.

Capítulo II

Os Amigos

Alguns amigos desempenharam papéis muito importantes na minha vida. Entre eles não posso deixar de citar a polêmica Leonor de Aguiar, que eu conheci muito garoto devido a ligações familiares. Mas só iria reencontrá-la tempos depois, quando eu já estava com meus 16 anos. Ela morava num apartamento em um prédio junto ao Corpo de Bombeiros, que hoje daria para a Praça Clóvis Bevilácqua. Foi o primeiro a ser implodido em São Paulo. Só mesmo a Leonor para debelar uma implosão!

Hoje as pessoas só se lembram de mencionar seu lado exótico e quase anedótico. Muitos que nem a conheceram escrevem sobre ela, contando do que ouviram falar. Meu primo Ênio Silveira, que conheceu bem Leonor, dedicaria a ela um capítulo inteiro de um livro que estava escrevendo. Ela também aparece em alguns escritos meus. Compreende-se, porque Leonor era um ser tão rico, tão fascinante, que é como se estivéssemos falando da Isadora Duncan.

Na foto para o passaporte, 1949

Todos tiram um naco para si. A Leonor foi esquartejada, literariamente falando. Era uma pessoa que tinha muito para dar. Para mim, que a conheci tão intimamente, ela contribuíu com coisas extremamente importantes. Para começar, foi quem me ensinou realmente francês, espanhol e italiano. Ia à casa dela praticamente todos os dias e, ao longo dessas visitas, ela me fez ler Baudelaire, Stechetti, Ungaretti, Neruda, Dario e Lorca. Leonor cantava lindamente. Mario de Andrade, que eu tive a alegria de conhecer na casa dela, escreveu que era a melhor intérprete dos alemães no Brasil. Às vezes ela cantava em casa, acompanhada pela minha prima Lavínia Viotti, que era muito amiga dela. Na voz de Leonor ouvi pela primeira vez Fauré, Debussy, Duparc, Hugo Wolf e as deslumbrantes canções medievais da Légende Dorée. Evidentemente o lado exótico da Leonor prejudica a imagem verdadeira da luminosa criatura que ela era.

Outro querido amigo é o Ivo de Souza Palma, hoje Frei Bruno, decano dos dominicanos no Rio de Janeiro.

Meu encontro com o Ivo foi extremamente importante porque ele foi o primeiro amigo que eu tive que gostava de ler. Ao que parece, eu também fui o seu primeiro. Me lembro de nos sentávamos numas amuradas na antiga Rua Traipu, e ficávamos falando a respeito de Herman Hesse. Ele era inteligentíssimo e escrevia muito bem.

No arroubo dos seus dezesete anos inventou que iria para a Rússia e nos encontraríamos lá, na Praça Vermelha, no dia 1 de maio, quando fizéssemos 21 anos. Ele era dez dias mais velho do que eu. Quando seus pais deram pela fuga, botaram a polícia atrás dele e o pobre foi preso em pleno Mato Grosso. O castigo foi morar em Lins, trabalhando numa loja de tecidos. Um inferno familiar para quem gostava de Kafka. Um belo dia, recebo uma carta desperada, ele me dizendo que estava à beira da morte. Fiquei arrasado, pedi dinheiro a meus pais e lá fui eu, de trem, terceira classe, numa viagem interminável para Lins. Eu me sentia na Transiberiana. Mas a causa era nobre: ia ver meu amigo morrente. Quando cheguei a Lins ele estava na estação me esperando, todo lampeiro. Eu perguntei, indignado: Você não estava à morte? Ele me respondeu *"Se eu não tivesse dito que estava, você não vinha."*

Como o rio da vida é muito curioso, o Ivo se converteu, oficiou a missa de sétimo dia da minha mãe e, há pouco, acabou de publicar traduções de St. Jean Perse.

E como não lembrar o pianista e musicólogo Heitor Alomonda? Eu assistia a todas as aulas dos cursos de Alta Interpretação Musical da Magdalena Tagliaferro no Municipal. Tinha meu lugar cativo (naquela época havia um pequeno balcão central), que às vezes eu encontrava ocupado por ele. O inverso também é válido. Foi assim que começamos a conversar, nos tornamos amigos, eu fui seu padrinho de casamento e sou padrinho do seu filho Paulo. Fomos amigos-irmãos até ele morrer em 2002.

Assim, de um lado o Ivo, flamejante, imaginoso e vital. Do outro, Heitor, tranqüilo como o Lago de Como. Tinha suas angústias interiores mas na época não as demonstrava. Era disciplinado.

Álbum de formatura, 1942

Capítulo III

Cidade Maravilhosa

Eu estava decidido a cursar o Instituto Rio Branco e entrar para o Itamarati. Era chegada a hora de ir para o Rio de Janeiro, onde meus avós estavam morando. Fiquei com eles em Copacabana até nosso apartamento ficar pronto. Meus pais haviam se separado depois de um casamento onde não havia mais compreensão e a mãe foi comigo para o Rio.

Um belo dia, fui assistir a uma aula da Magdalena Tagliaferro e reencontrei Heitor, que me apresentou a todos os alunos dela. E foi assim que conheci a Ilara Gomes Grosso e seu irmão, o violoncelista Iberê Gomes Grosso, sobrinhos de Carlos Gomes, e também Guerra Peixe, Cláudio Santoro, Edino Krieger, Maria Abreu (que seria mais tarde empresária de Nelson Freire) e Koelreuter - que estava começando a namorar a musicista Geny Marcondes.

O início da minha vida no Rio foi essencialmente musical. Música e literatura, porque eu escrevia desbragadamente.

Colaborei na página literária de *O Jornal*, publiquei contos em duas revistas, *Sombra* e *Rio Magazine*, e ainda numa publicação muito interessante, de jovens, que se chamava *Arco 48*. O Rio cabia numa casca de noz. Todo mundo conhecia todo mundo. Certa vez eu estava esperando um ônibus, em frente à Biblioteca Municipal, quando surge Maria Fernanda, a futura atriz, filha da Cecília Meirelles, me perguntando se eu não ia ao encontro que iria ter lugar logo mais na Casa do Estudante do Brasil. Paschoal Carlos Magno estava reunindo um grupo jovem para a encenação do Hamlet.

Eu fui, mas não participei depois da grande aventura como ator, coisa que não me passava pela cabeça vir a ser. E foi aí que conheci Claude Vincent, uma inglesa que estava no Rio a convite do Paschoal para fazer conferências sobre Shakespeare. Ficamos muito amigos. Foi graças a uma apresentação dela que consegui um maravilhoso emprego como bibliotecário-assistente no Conselho Britânico.

Duas amigas daquela época me acompanham até hoje: uma é Hebe Araújo de Mattos, em cuja casa Heitor ia estudar e eu ficava deitado de bruços embaixo do piano de cauda, lendo e ouvindo. Heitor foi para os Estados Unidos com uma bolsa para a *Julliard School*, em Nova York. Conheceu e ficou muito amigo da Sônia Velloso Borges, outra amiga que tive pela vida inteira. Assim que ela chegou de Nova York, me telefonou para eu ir correndo à casa dela. Foi um sonho. Além dos pais e das irmãs, pessoas encantadoras, conheci sua tia Mary, casada com o grande crítico de arte Mário Pedrosa. Sônia me apresentou ao Roberto de Cleto, seu amigo desde sempre, que ficou meu amigo desde então. Ela se casaria anos depois com Paulo Emílio Salles Gomes, que eu já conhecera em São Paulo.

A esta altura o Itamarati já estava totalmente descartado. Através do Cleto, conheci o escritor Lúcio Cardoso, o Lúcio me apresentou ao Otávio de Faria. O círculo se ampliava, se enriquecia. Lúcio tinha uma coleção de primas, uma das quais, a Zuzu Angel, mãe da Hildegard, que eu vi nascer. Outra, a Virgínia, me levou para conhecer Aníbal e Maria Clara Machado. A Clara nos ensinou a fazer bonecos e aí entramos na nossa fase de titereteiros. Fundamos o *Teatro do Brighella*. Fazíamos os bonecos, os cenários, escrevíamos o texto e representávamos. Foi aí que, realmente, comecei a representar, mas atrás das cortinas.

A irmã do Lúcio Cardoso, a Lelena, era muito amiga do Frei Leovegildo, franciscano da igreja Nossa Senhora da Paz. O prédio ao lado ainda estava sendo construído, e ele nos deixou usar o porão para fazer os espetáculos infantis nos fins de semana. Apresentávamos três pecinhas por vez. Uma era repetição; outras duas eram novas. Os personagem, às vezes, reapareciam, como numa espécie de seriado, mas cada história tinha começo, meio e fim. Os namorados chamavam-se Romeu e Julieta. Um grande general chamava-se Otelo. Um velho carinhoso chamava-se Seu Próspero. Era nossa maneira de semear Shakespeare no jardim de infância. Formávamos um pequeno e laborioso time. Paschoal Carlos Magno, que tinha a coluna de teatro do *Correio da Manhã*, escreveu um lindo artigo a nosso respeito com o título de *"O Porão Mágico de Ipanema"*.

Era impossível ser aluno da Aliança Francesa e não conhecer Simone Cox. Ela não só dava aulas como organizava leituras de peças que, na época, ainda não eram conhecidas no Brasil. Apesar de eu não ser aluno da Aliança, ela me telefonou me convidando para participar da montagem de *L'Apollon du Marsac* (de Giraudoux), que ela iria dirigir. Eu tinha, claro, que representar em francês, o que para mim não era problema. Mas até hoje me espanto com a ousadia de ter aceito. Afinal eu nem era ator, mas fiz o papel do Secretário Geral. Foi minha estréia oficial no palco. E em francês!

Corria o ano de 1949. Animados com a aventura, resolvemos formar um grupo de teatro. Eu tinha traduzido uma peça irlandesa chamada *Viajantes para o Mar* (de Synge), que havia sido transmitida pelo serviço brasileiro da rádio *BBC*. Essa tradução já foi atribuída a outros, mas insisto em esclarecer que é minha. Queríamos montar também *George Dandin* (de Molière), mas como Beatriz Segall, que era uma das nossas atrizes, fora estudar em Paris, o grupo se desfez.

Nessa altura eu já tinha me inscrito para trabalhar na *BBC* em Londres. Maria Fernanda já estava lá, o Pontes de Paula Lima, mineiro que eu conhecera na casa do Lúcio Cardoso, também. Quando recebi a ordem de embarque, tomei o *Highland Brigade* e lá fui eu. Pouco antes de viajar, deixei uma cópia dos meus contos com Maria Abreu. Carinho de despedida. A família da minha avó materna era marcadamente Peake, traço que não pude eliminar do meu DNA. Meu avô Silveira morreu na gripe. Minha avó Helena foi morar com os irmão e eu nunca tive contato estreito com eles. Havia uma sobra de secura e rigidez britânicas na casa, que me tolhia. Eu gostava era de estar com os Viotti. Mas mesmo assim eu ainda associava muito daquilo que eu era ao naco britânico que existia em mim. Era impossível existir casa mais anglófila do que aquele reduto do Churchill na rua Itaguaí. Ouvíamos diariamente os noticiários narrados por Manoel Antônio Braune, o *Aimberê da BBC*, com quem trabalharia anos mais tarde e que acabaria sendo um verdadeiro pai para mim. Quem poderia imaginar?

Capítulo IV

A Ilha

Fui à Inglaterra para ficar dois anos e fiquei bem mais, de 1949 a 1958. Tudo se encaixava. Eu sabia inglês muito bem, conhecia bastante a literatura inglesa, tudo acontecia da melhor forma. Na estação de trem de Waterloo estavam à minha espera o Paula Lima, a Esperança Terra (que trabalhara comigo no Giraudoux) e a Ádila Lima, que fiquei conhecendo. Me levaram para um hotel em Lancaster Gate, onde a *BBC* instalava os recém-chegados. Depois que foram embora, resolvi sair e andar pela cidade. Aí me aconteceu uma coisa estranha, que até hoje me espanta. Já estava escuro. Eu me sentia tão "em casa" que me deu a sensação de estar reencontrando ruas e caminhos. Quis ir à Grosvenor Square e, de repente, estava em Grosvenor Square, sem mapa, sem ter perguntado a ninguém como chegar lá. Isso me deixou muito impressionado.

Entre os brasileiros que já moravam em Londres há muito tempo, estava o Braune, de quem fiquei muito amigo e cuja voz eu já conhecia através do rádio. Ele havia ido para a Alemanha nos anos trinta para estudar piano. Com o advento do nazismo, ele se mudou para Londres para estudar com a pianista Harriet Cohen, uma das muitas pessoas extraordinárias que conheci na sua casa. Outras foram a Lily Krauss, o Zabaletta, Albert Ferber, Kathleen Ferrier – olha só que maravilha. Ele era muito amigo do Villa-Lobos e quando o Villa gravou as Bachianas para a *ORTF (Rádio Televisão Francesa)*, convidou o Braune para solar a número 2. E sabe quem foi para Paris virar as páginas? Eu.

As coisas sempre aconteceram de forma inesperada para mim. Um belo dia o Braune cismou que devíamos fazer uma peça no rádio. Escolheu *Les Mains Sales* (Sartre). Eu queria cair fora mas não houve jeito. Acabei fazendo o Hugo. Os outros papéis centrais eram feitos por ele e pela Maria Fernanda. O resultado foi excelente, a tal ponto que fizemos mais duas peças.

Trabalhávamos no campo, em Elstree, numa mansão do século XVIII, e só nos mudamos para o centro de Londres, para Bush House, em 1952.

Em Stratford-on-Avon, 1952

No ano seguinte cobri - como jornalista - a coroação da rainha Elizabeth. Foi uma experiência maravilhosa, mesmo tendo trabalhado 72 horas consecutivas.

Meu trabalho na BBC também meu deu a oportunidade de ir anualmente aos Festivais de Edimburgo, aos festivais de música folclórica no País de Gales e às temporadas de Shakespeare em Strattford.

Conheci a Inglaterra inteirinha, desde as Hébridas até o cabo Land's End. Vi a Muralha de Adriano (que separa a Inglaterra da Escócia),

fui à distilaria do Ballentine's, desci ao fundo de minas de sal e de cobre – coisas extraordinárias. Fui a Copenhaguen ver o *Balé da Dinamarca* e tive a oportunidade de conhecer todos os países da Europa do lado de cá da cortina. Vi as melhores companhias de teatro da Europa, inclusive a do Brecht, e assisti às únicas apresentações que Toscanini, o Horowitz e o Serkin deram em Londres enquanto eu estive lá. Em meio a tudo isso, houve até uma fuga para conhecer Nova Iorque. Na BBC criei um programa chamado *Os Tavares em Londres*.

Em Cornwall Land's End, 1951 e Londres, 1952

Através de uma família brasileira que morava na cidade comentava-se os acontecimentos da semana, inclusive os de interesse artístico. Eu chegava a sair pelas ruas gravando trilhas sonoras ao vivo. O programa ficou no ar durante cinco anos. Paralelamente, surgiu a idéia de gravarmos peças de teatro dos mais variados autores, de Oscar Wilde a Abílio Pereira de Almeida (que escreveu um texto especialmente para nós), de Shakespeare a Raquel de Queiróz. Todo brasileiro ligado a teatro que chegava a Londres eu chamava para trabalhar comigo. Beatriz Segall fez coisas lindas conosco. Maria Fernanda, Tereza Rachel, Ana Edler, Esther Guimarães, Haydé Bittencourt, Madalena Nicol e Othon Bastos também.

Além do meu trabalho na BBC eu enviava crônicas - *Cartas de Londres* - para o jornal *O Tempo*, no Rio. Ainda dava aulas de português no *King's College* e traduzia filmes.

Tive a sorte de conhecer pessoas muito especiais, algumas minhas amigas até hoje, como o bailarino Pirmin Treco, que agora tem uma Escola de Baile no Porto e que fez, ele mesmo, um jantar para mim quando fui gravar uma novela em Portugal. Foi através dele que conheci Peter Brinson. Não podia haver um inglês mais inglês, com seu 1.80 m de elegância e boa educação. Peter, na época, era consultor para assuntos de cinema na embaixada polonesa em Londres. Amava dança, fez dois filmes muito importantes sobre balé, acabou sendo um dos maiores críticos de balé da Europa e escreveu livros sobre o assunto. Dividi um apartamento com Peter na época em que ele foi convidado para ser o editor de uma nova revista de cinema - *Films and Filming*. Peter me convidou para colaborar. Escrevi alguns artigos e às vezes fazia crítica, o que eu gostava muito, porque ía a uma sessão especial às 10 da manhã e eu, ao lado da imprensa especializada e convidados, com meus vinte e poucos anos, me sentia muito importante pertencendo àquele universo.

Foi através de Terence Cooper, um anglo-chileno que foi para Inglaterra se alistar na RAF, que conheci alguns escritores que estavam adquirindo cada vez mais renome na literatura inglesa, como Angus Wilson, Francis King, L. P.

Hartley e Steven Spender. Convidei a escritora Kay Dick para escrever uma série de trabalhos sobre escritores e, por meio dela, tive a oportunidade de conviver com Olivia Manning, Pamela Hansford Johnson, C. P. Snow e Kathleen Farrell. Uma das grandes surpresas foi chegar aos pés de Edith Stiwell, personalidade junto da qual só era possível nos aproximarmos de joelhos.

Todas as pessoas de muito renome que eu tive a felicidade de encontrar foram sempre, sem exceção, pessoas da maior simplicidade. Nunca senti, junto delas, a diferença entre um jovem *"alien"* (como os ingleses gentilmente chamam os estrangeiros) e aqueles universos completos e extraordinários. Quanto mais famosos eles eram, mais acessíveis. Sem dúvida, uma lição a não ser esquecida.

Acabei morando em Harley Street, a famosa rua dos médicos, num apartamento de dois quartos. Quando a atriz paulista Madalena Nicol chegou a Londres, eu a convidei para ficar morando em casa. Eu a conhecera no *TBC* quando ela estava fazendo *Arsênico e Alfazema*. Naquela noite, ela fora gentilíssima comigo: chovia a cântaros e ela me deu uma carona. Madalena fez inúmeras peças conosco na *BBC* e quando foi convidada para trabalhar no *Arts Theater Club* me pediu para dirigir o espetáculo. Fizemos *Antes do Café* (de O'Neill), *A Mais Forte* (de Strindberg) e *A Voz Humana* (de Cocteau). Alguns meses antes de eu vir para o Brasil, fizemos um espetáculo muito bonito na Sala do Capítulo da *Catedral de Canterbury*, sobre Joana D'Arc. Ao voltar, trouxe comigo um pouco dessas pessoas dentro de mim. Seria impossível não lhes render esse tributo porque se eu sou o que sou hoje reconheço que, em grande parte, elas são as responsáveis.

No Petit Club, 1965, com Aida Ferreira, Paulo Serrado, Yolanda Cardoso, Myrthes Paranhos, sua mãe e Lygia, entre outros

Capítulo V

Volta ao Lar

Um belo dia, acordei, botei os pés no chão e me perguntei: O que é que você ainda está fazendo aqui? Não acha que a Inglaterra já te deu tudo o que podia dar?
Resolvi voltar. Mas me daria dois ou três anos experimentais. Se me sentisse feliz, se fizesse um trabalho que me desse prazer, ficaria. Caso contrário, voltaria para Londres e nunca mais pensaria em feijão preto e paçoca. Não se pode carregar raízes esfiapadas, é preciso aprender a decepar. Como eu decepara quando fui para lá. Quando o trem estava saindo de Waterloo olhei pela janela e vi a figura da Madalena ir diminuindo, diminuindo, diminuindo e, dentro de mim, brotou a palavra ACABOU. Sem nenhuma angústia ou tortura. Era a cortina do segundo ato que se fechava. Não doeu porque eu sabia que um novo ato estava para começar.
Os amigos que eu deixara aqui já estavam ocupando lugar de destaque no cenário artístico.

Todos eram "alguém" ou , pelo menos, estavam bem encaminhados, enquanto eu não passava de um imigrante no meu próprio país. No entanto, boas surpresas me esperavam. Procuro ser uma pessoa muito, muito lúcida, sou cartesiano, tenho horror a fantasias e elocubrações. Prefiro me limitar ao essencial, ao verdadeiramente importante. Naquele momento, isto implicava em aceitar duas possibilidades: a da minha permanência aqui dar certo ou não. Dentro de mim já havia uma espécie de aceitação, traduzida na certeza de que *"O que tiver de ser, será"*. Mas a verdade é que, assim que cheguei, me senti como um pato n'água. Nunca olhei um ônibus e desejei que fosse vermelho. Chá voltara a ser *"bebida de doente"*.

Sempre senti que, sem o menor merecimento, minha vida é prova de fui privilegiado. Nunca tive de lutar verdadeiramente para conseguir alguma coisa. Vivo sempre sob a impressão de que tudo que aconteceu para mim ou comigo foi um prêmio imerecido. Conheço pessoas que se aplicaram e batalharam para galgar cada degrau e me pergunto se eu teria essa energia, essa força interior, essa urgência de alma, invejáveis. Não sei. Talvez não. Quer um exemplo? Lembra-se de eu ter dito que deixei meus contos com a amiga gaúcha, a Maria Abreu? Pois em Londres, recebi uma carta do Moisés Velhinho, respeitabilíssimo homens de letras, diretor da melhor revista literária da época, *Província de São Pedro* (que era o nome original do Rio Grande do Sul). Lera os meus contos e pedia permissão (!) para publicar alguns na revista... Fui colega de banco na escola primária do Caetano Petraglia que, infelizmente, morreria quando fazia treinamento para ser piloto da FAB, nos Estados Unidos. Fui sempre muito ligado a esta família. Sua irmã mais velha, Cecília, tinha uma casa de chá deliciosa na Rua Antônio Carlos, esquina da Augusta – a *Taí*. Sua sócia era a Encarnacion Beneducci, agora minha amiga há mais de quarenta anos. Todas as vezes que piso num palco, o faço com o apoio dos seus lindos sapatos. No *Taí* reencontrei o Caio Caiuby que conhecera em 1948, quando fazia *À Margem da Vida* (de Tenessee Williams), com direção de Alfredo Mesquita.

Ele me perguntou se eu pretendia fazer rádio e eu disse que não, não entendia nada de rádio comercial. Foi quando ele me contou que o *Estadão* tinha inaugurado a *Rádio Eldorado* e que o diretor da emissora era o Carlos Vergueiro, que eu também conhecia. Ele estava casado com a Zilah Maria, amiga dos tempos do *Teatro do Estudante*, no Rio, que também estava trabalhando lá com o João Cássio Póvoa, o Miguel Scarano, a Olga Biar e a Carmen Flora Cabral. No dia seguinte, o Ruy Mesquita me telefonou e marcamos um encontro. Entrei na sala dele às 10 horas e saí meia hora depois, como funcionário da *Rádio Eldorado*. Este relacionamento durou quase trinta anos.

Reencontrei Maria Fernanda, então casada com o Luis Galon. Ela me convidou para escrever um seriado, um embrião das minisséries, para o programa *Revista Feminina* da Maria Tereza Gregori. *Um Amor em Nossas Vidas* era inspirado no período em que Chopin (Egídio Écio) e Georges Sand (Maria Fernanda) viveram em Maiorca. Na trilha sonora apenas as músicas que ele havia composto lá.

Foi meu primeiro trabalho para a televisão. Dirigi logo depois, no Teatro Tupi, uma adaptação do *Werther* (de Goethe). Anos mais tarde dirigi *La Carrosse du Saint-Sacrément* (de Mérimée). No elenco, o ator que fazia o bispo só tinha experiência de teatro amador e estava apavorado com a idéia de representar ao vivo na televisão. Na hora do programa, ele simplesmente não apareceu. Olhe bem para mim. Quem teve de fazer o bispo? Pouca gente sabe mas a minha primeira e inesperada, enlouquecida, desesperada e inesquecível estréia como ator na TV, foi fazer, sem ensaio, este papel. Dirigi também *Eurídice* (de Anouilh). E parei. Chegara à ditosa conclusão de que não gostava mesmo de dirigir televisão.

Ainda em Londres conheci o João de Scantimburgo, diretor do jornal *Correio Paulistano.* Fiz uma feijoada para ele lá em casa, em Harley Street, mas acredito que não foi isso que ele ficou meu amigo. *"Quando você voltar para o Brasil, me procure no jornal. Você vai trabalhar para mim".* Achei que isso não passava de carinho entre viajantes que se encontram no estrangeiro, mas decidi procurá-lo no jornal, na Líbero Badaró. Entrei, subi, sentei, batemos um delicioso papo e saí de lá contratado como crítico de teatro e dança.

A revista *Visão* estava começando e eu quase fui trabalhar lá. Só não fui porque não dava mesmo, com os trabalhos da rádio e do jornal. Ainda por cima, tinha me comprometido a fazer um programa diário (em inglês) para a *Rádio América*. Meu trabalho começava às 7 da manhã, um verdadeiro suplício. Acordar cedo, para mim, é uma das três coisas mais negativas desta vida. As outras duas são dor de barriga e resfriado.

Na *Eldorado*, que ficava ali no prédio do *Hotel Jaraguá*, no comecinho da Rua Martins Fontes, eu fazia um programa de música americana, outro de música brasileira. Meu programa *Bastidores*, evidentemente sobre teatro, ficou no ar mais de vinte anos. *A História da Música no Cinema*, quase outro tanto. Para não mencionar *Grandes Mestres, Grandes Obras* que eu só começaria a produzir e apresentar a partir de 1961. Nele, eu mostrava a vida e a obra dos compositores apresentando suas composições em ordem cronológica, na medida do possível. Olhando para trás, me dou conta de que nunca tinha visto um microfone quando fui para a *BBC* de Londres. Fui para lá em 1949 sem nunca ter pensado em fazer carreira radiofônica e acabei fazendo rádio até o final de 1983! Entre os muitos programas que eu gostava de fazer estava a *Música no Cinema*, que na sua primeira versão contava a história da música no cinema. Naquela época era extremamente difícil e complicado conseguir as gravações originais das músicas. Hoje em dia essas coisas são feitas com uma simplicidade e praticidade alarmantes...

Foi um grande aprendizado. Sempre gostei muito de música e de cinema. Poder contar a história do cinema através das músicas dos filmes era como juntar o útil ao agradável. Muitas coisas dependiam de memória. Outras, de pesquisa. Como eu cresci numa época em que o cinema musicado era extremamente fértil, ou seja, durante os anos 30 e 40, até meados dos anos 50, até *Gigi* e os últimos grandes musicais da *Metro*, e como sempre tive uma memória fora do comum, eu era capaz de pegar o microfone e improvisar todo aquele texto na hora. Nunca escrevi nada a respeito de música no cinema. Simplesmente pegava o microfone e falava. Até hoje encontro pessoas que dizem que aquele era um programa do qual elas gostavam muito, mas não sei se hoje em dia eu teria disposição para fazê-lo novamente. Acho que a vida de todos nós é feita de grandes etapas. Essa etapa terminou. Se com ela - ou através dela - dei alegria e prazer às pessoas, isso muito me gratifica.

Logo que voltei a São Paulo conheci o Antunes Filho, que estava se preparando para dirigir *O Diário de Anne Frank* e que me convidou para fazer o papel do dentista. Só que eu não queria ser ator e continuava reagindo à idéia de me ver tridimensional. Mas houve um outro convite dele que não pude recusar, o de dirigir uma peça para seu *Pequeno Teatro de Comédia*. A montagem de *Pic-Nic*, seu próximo espetáculo, estava atrasada. O Jardel já estava sob contrato da companhia à espera do início dos ensaios de *Plantão 21* e Antunes queria fazer um espetáculo que utilizasse o Jardel durante este período intermediário. Sugeriu que eu dirigisse *Viagem a Três* (de Jean de Letraz), comédia que inspirou *Uma Certa Cabana*, do Roussin, que acabou sendo processado por ter se inspirado demais. No elenco, além do Jardel, estavam Ana Maria Nabuco, Luis Eugênio Barcelos (um dos sócios do PTC) e a lindíssima Nadir Rocha. Túlio Costa fez uma preciosa e florida ilha tropical no palco do pequeno auditório do *Cultura Artística* e a peça, além de fazer boa carreira, me fez reencontrar Jardel, a quem eu conhecera quando estava estreando na companhia da Dulcina, em *A Filha de Iório*.

A amizade que se solidificara entre mim e o Rubens de Falco, meu colega na *Eldorado*; Esther Guimarães, que eu conhecera em Londres e continuaria minha amiga para todo o sempre; e Dália Palma, acabou nos levando ao inevitável: formar uma companhia. Pensei em fazer *Colombe* (de Anouilh) e *I Am a Camera* (de Van Druten). Eu já tinha convidado Morineau, que conheci antes de ir para a Inglaterra, para o papel da velha atriz em *Colombe*. Ela aceitou.

Programa de Viagem a Três

É curioso mas eu sempre me dei muito bem com as atrizes de gerações anteriores à minha. Sempre aceitaram fazer tudo o que eu sugeria e tenho muito orgulho de ter podido trabalhar com a maioria delas. Por motivos diversos, nenhuma das duas peças que mencionei foram encenadas, apesar dos meus esforços.

Eu morava na Rua Nestor Pestana, pertinho do restaurante *Gigetto*. Numa certa noite, lá pela 1 da manhã, me aparece a Dália Palma com uma peça na mão. *"É esta que nós vamos fazer"*, disse. Era *La Feuille de Vigne – A Folha de Parreira* (Jean Bernard Luc) que ela já fizera no Rio na companhia da Morineau. Argumentei que preferia fazer uma das outras duas peças. *"É esta!"*, disse a Dália. Concordei, mas naquele momento decidi que não faria mais parte da companhia no futuro. E assim foi.

Numa das minhas idas ao Rio, em 1960, me encontro com Anibal e Maria Clara Machado. O *Tablado* ia completar 10 anos. Ela queria comemorar montando *Dona Rosita, a Solteira* (Lorca) na tradução do Drummond e me convidou para dirigir.

Programa e elenco de A Folha de Parreira

Não sou mesmo afilhado dos deuses? Eu nunca havia feito nada no Rio de Janeiro e a primeira coisa que fiz foi dirigir, no *Tablado* (que até hoje é "templo teatral"), uma peça do Lorca traduzida pelo Drummond. É claro que aceitei. E mais três perfeições: os irretocáveis cenários de Belá Paes Leme; os figurinos de Kalma Murtinho e as músicas do meu velho conhecido dos tempos de rapaz, Edino Krieger.

Uma coisa triste que aconteceu nessa época foi a morte do meu queridíssimo Manoel Antônio Braune, de passagem pelo Rio a caminho de Londres. Já tivera problemas de coração mas este outro enfarte, fulminante, o levou. Foi muito triste perdê-lo. Foi como se tivessem tirado um pedaço de mim, do qual ainda sinto falta até hoje.

Era um período de transição e o dinheiro era parco. Comecei a dar aulas de inglês e aceitei um trabalho "diferente" na *Vitória Filmes*, que produzia jornais cinematográficos semanais para os cinemas.

Cabia-me escrever os textos e, muito a contragosto, fazer a narração.

Quando o *Estadão* me convidou para ser superintendente da *Rádio Eldorado* do Rio de Janeiro, me libertei daquela desagradável função.

O Contato, 1961

Capítulo VI

Terceiro Sinal

Nos anos que se seguiram, eu viajava todas as semanas do Rio para São Paulo para gravar na *Eldorado*. Três dias aqui e quatro dias lá. Quando comecei a fazer teatro a coisa se complicou. Só tinha a segunda-feira livre. Naquela época, trabalhávamos de terça a domingo. Em 1961, a atriz Ana Edler (que trabalhara comigo na BBC) e seu marido, o diretor Jack Brown, formaram uma companhia de teatro e me convidaram para participar. Como sempre, reagi à idéia de pisar no palco como ator. Mesmo assim, me deram a peça para ler, um grande sucesso nos Estados Unidos numa montagem do *Living Theater*. Era *O Contato* (Jack Gelber) que contava a história de um grupo de viciados em heroína sempre à espera do contato que a fornecia. Peça extraordinária, violenta, que misturava jazz (música ao vivo) com texto. Meu personagem seria o Solly, um papel de grande força dramática. Capitulei. Fiz o papel.

A peça não fez o menor sucesso apesar de críticos e intelectuais terem adorado. O público fugiu, não entendeu absolutamente nada. Eu fiz um grande sucesso pessoal, tive críticas muito boas, até do Paulo Francis e da Bárbara Heliodora. Ganhei o prêmio da *Associação Brasileira dos Críticos de Arte*. Em seguida, fizemos uma adaptação de *O Idiota* (de Dostoievski) que também não foi sucesso. Tive críticas péssimas. Nem poderia ser diferente, já que eu não tinha capacidade para fazer aquele papel. Tinha 32 anos e não sabia como fazer um velho gordo de sessenta e tantos. Foram duas experiências muito proveitosas. É muito importante, sobretudo em teatro, tirar a média entre a verdade do sucesso e a do fracasso para ter com clareza a justa medida de ambos. Quando nos atiramos a um projeto teatral, nunca sabemos o resultado, mesmo que depois de um certo tempo de experiência seja possível desenvolver um feeling, um faro, quase uma premonição de que deveríamos fazer, ou não, determinado papel. O importante é fazê-lo na hora certa, quando se tenha um lastro mais sólido, mais firmeza técnica. A mesma coisa se aplica a certos pianistas. Há alguns, extraordinários, que ainda não devem tocar a *Tocatta de Prokofiev.*

Naquele mesmo ano de 1961, Fabio Sabag me convidou para fazer televisão. Participei do então famosíssimo *Teatro Trol*, como ator e autor, e logo depois do *Grande Teatro Tupi* com Sérgio Britto. Para o Trol escrevi várias peças, muitas em parceria com Dorival Carper. Nesse mesmo ano ganhei os prêmios de Revelação de Ator e Autor de teatro e de televisão. Minha primeira peça encenada foi *Lua Cheia*, no Teatro Mesbla, pela companhia do Carlos Murtinho. Para o *Grande Teatro Tupi* escrevi *Solidão* para Fernanda Montenegro, e foi nesta peça que a filha de Bibi Ferreira, Tereza, fez sua estréia como atriz.

Durante dois anos o *Grande Teatro Tupi* fez concursos para lançar novos textos. No primeiro ano o meu *O Círculo Partido* ganhou o segundo lugar, o mesmo acontecendo no ano seguinte com *Jogo no Escuro.*

João Bethencourt me convidou para trabalhar sob sua direção em *O Milagre de Ana Sullivan*

Solidão *(Grande Teatro Tupi) com Tina Ferreira, Fernanda Montenegro e Zilka Salaberry*

(de William Gibson) no Teatro Copacabana. Foi quando me dei conta, realmente, de que me sentia à vontade no palco. Não era só o prazer de representar. Era ter uma recompensa financeira pelo trabalho, o que era muito bom. Não tenho o menor pudor de dizer, hoje em dia, que uma das razões de ter dado continuidade à minha carreira de ator é que tive, desde o início, a sorte de ter muito sucesso pessoal e ganhar bem. Nosso produtor era o Hugo Christensen, conhecido diretor de cinema, marido da Suzana Freire. Já que tinha contrato com o teatro, decidiu dirigir ele mesmo uma peça. Escolheu *Você Pode Ser o Assassino,* do autor espanhol Alfonso Paso. Hugo queria que fizesse o papel do assassino. Eu queria fazer o do amigo. Mas ele dizia que eu era um ator "sério", que não podia fazer comédia. Disse a ele para me experimentar no papel durante uma semana e, depois disso, se achasse que eu não podia, que me mandasse embora. Sem ressentimentos. No quarto dia de ensaio ele me disse: "O papel é seu". Fizemos uma carreira brilhante.

Eu havia feito o arranjo cênico e as roupas para

um espetáculo natalino encenado na escadaria da igreja do Largo do Machado - *O Boi e o Burro a Caminho de Belém*. Em junho de 1962, Sabag me convidou novamente para desenhar os figurinos de *Pif-Tac-Zig-Pong* (de Millôr Fernandes) que tinha quase 40 trajes. Eram vários sketches, cada um com vários personagens. Nem bem terminamos a carreira do *Assassino*, meu querido Sérgio de Oliveira (que trabalhara comigo nesta peça) me telefonou contando que, como produtor executivo de *My Fair Lady*, estava ajudando a definir o elenco. Lá fui eu para o Teatro Carlos Gomes para conhecer Gregory Kayne, o diretor. Almoçamos e conversamos longamente. Em inglês, é claro. Já de volta ao teatro, ele fez menção de se despedir e eu perguntei: *"E o teste?"* *"O teste eu já fiz"*, disse-me ele. *"Se você não puder fazer o Coronel Pickering, quem mais poderá fazer?"* Este foi o único teste que fiz na minha vida.

My Fair Lady foi uma experiência inesquecível. Por conta dela, conheci o querido Oscar Ornstein, que ficou meu amigo até morrer. E ainda Jayme Costa e sua mulher, Natália, pessoas queridíssimas. Reencontrei Paulo (Autran) e aprendi como era fácil amar Bibi – a quem amo até agora. Foram meses maravilhosos, e uma das experiências mais emocionantes e comoventes da minha vida está ligada a esta peça. Na cena em que Elisa Doolitle consegue dizer corretamente uma frase em bom inglês (em bom brasileiro era *O Rei de Roma Ruma a Madri*), o professor Higgins (Paulo) exulta e eu, que estava numa poltrona com o rosto coberto por um jornal, deixo-o cair e arregalo os olhos estupefato. Aí, nós três entramos numa coreografia que lembra touradas espanholas. Ao fim, num final vibrante, com um *"Olé!"* dos três, caímos de costas no sofá, as cabeças inclinadas para trás, olhando para o alto. Quando isto aconteceu, na estrondosa pré-estréia (20/08/1962) para gente de teatro e convidados especialíssimos, houve uma pausa de poucos segundos e aí explodiu uma espécie de uivo generalizado. As pessoas batiam palmas, gritavam, assoviavam, socavam os pés no chão e nós três, no sofá, chorávamos de emoção. Foi um momento que eu ainda não consigo relembrar sem chorar. Creio que foi dos mais bonitos que já vivi.

Como o Coronel Pickering em My Fair Lady

Com Bibi Ferreira e Paulo Autran (acima) e Estellita Bell (abaixo) em My Fair Lady

Naquele ano o famoso diretor e ator inglês George Devine, que havia criado o não menos famoso *Royal Court Theatre*, veio ao Brasil e quis realizar um trabalho com atores nossos. Seria uma leitura com marcação do original de Harold Pinter - *Festa de Aniversário*. Devine sabia italiano o suficiente para não se perder ouvindo brasileiro. Seu elenco eram Cacilda Becker, Walmor Chagas, Paulo Autran, Fábio Sabag, Rosita Tomás Lopes e eu. Foi uma experiência muito rica. Pelo menos para mim, que ainda estava "engatinhando". Depois de nós, Devine interpretava *Krapp's Last Tape*, um monólogo do Beckett que eu, por acaso, o vira fazendo em Londres.

Acabei não fazendo a carreira toda de *My Fair Lady* porque a companhia ía excursionar. Recebi um convite que achava irrecusável: fazer o Tesman, o marido da *Hedda Gabler* (de Ibsen) na tradução da Clarice Lispector. Tereza Rachel tinha conseguido um patrocinador mas ele, que não fazia a menor idéia de quem eram Hedda ou Ibsen, foi assistir a um dos primeiros ensaios, ficou horrorizado e retirou o patrocínio.

Foi um banho de água congelada nórdica em todos nós. Nada como um dia depois do outro. Vasco Morgado, grande empresário português era casado com a Laura Alves, uma das maiores atrizes lusitanas que estava no Brasil apresentando a peça *Meu Amor é Traiçoeiro*. Depois, Laura queria fazer uma outra com atores brasileiros. Escolheram uma comédia do Alfonso Paso (de novo ele?) que ela já havia feito em Portugal: *Vamos Contar Mentiras*. O enredo, muito divertido, contava a história de uma mulher doentiamente mentirosa (Laura) cuja casa é assaltada, e onde acontece um crime.

Eu fazia o papel do marido, nosso melhor amigo era o Oscarito e o ladrão era o Grande Otelo. Foi um trabalho muito bom para todos nós, principalmente para o Oscarito porque foi a primeira vez em que conseguiu fazer um papel em que era, de fato, um personagem, e não o Oscarito. O assistente de direção era o Dorival Carper, que encorajou e incentivou o Oscar a fazer um personagem, não ele mesmo.

Minha única tristeza é que eu não contracenava com o Otelo. O sucesso foi estrondoso, lotando o *Teatro Ginástico*, de 750 lugares, diariamente. Foi maravilhoso. Laura tinha compromissos em Lisboa e precisava voltar. Mas a companhia já estava formada, tinha vida própria.

Com Laura ALves e Oscarito em Vamos Contar Mentiras

O diretor, muito amigo da Laura e do Vasco, era o espanhol Antonio de Cabo. Ele resolveu montar mais outra comédia do Alfonso Paso - *Os Direitos da Mulher*. Donde se conclui que eu fui o ator que mais representou Alfonso Paso no Brasil. Sem insistir para que isso acontecesse. O elenco não podia ser melhor: Jardel, aquele ator espledoroso; Márcia de Windsor no auge de sua beleza; Margarida Rey; Tereza Rachel, que fazia uma prostituta para encher de pejo todas as demais; Dorival Carper e Jacqueline Laurence. A peça era muito machista, à espanhola. Logo a primeira leitura sentimos que, tal qual estava, não seria aceita pelo nosso público. Sugeri fazer mudanças no texto para trazer a peça para mais perto de nós. Resultado? Lotação esgotada durante oito meses. Bons fluídos levaram Jardel e Márcia ao casamento. Eu e Dorival fomos os padrinhos.

A peça ainda estava em cartaz quando fui jantar com Dulcina e Odilon no *Le Czar*, um restaurante do qual eu gostava muito, bem no comecinho do Leme. Estavam pensando em montar *Você Pode Ser o Assassino* para excursionar e

Os Direitos da Mulher

gostariam que eu voltasse a fazer meu antigo papel, mas fui obrigado a recusar por causa de *Os Direitos da Mulher*. Pena. Teria adorado trabalhar com Dulcina. Felizmente o futuro nos aproximaria, e muito. Mas isto é uma outra história que conto em detalhes na biografia que escrevi sobre ela.

Tônia (Carrero) encontrou uma comédia americana - *Qualquer Quarta-Feira* (de Muriel Resnik) - que fizemos no *Copacabana,* em 1964. Era uma delícia de texto, cheio daquela irresponsabilidade das comédias azuis norte-americanas. Tônia, Jardel, Margarida e eu. Foi a primeira vez que trabalhei com Tônia, dona de um senso de humor perene e indestrutível, uma qualidade insubstituível. Muito pouca gente se dá conta de que a Tônia é uma das mulheres mais bondosas e dedicadas que existem. Jardel, grande e querido, era aquele ator generoso que, em cena, nos acompanha, olha, dá apoio. Nossa troca era muito sensível, muito bonita.

Qualquer 4a feira, *com Margarida Rey, Tônia e Jardel Filho*

Enquanto fazíamos a peça, escrevi uma comédia musicada chamada *Vamos Brincar de Amor em Cabo Frio* (início de 1965). Seria uma peça para Dulcina mas, antes de chegar às mãos dela, Jardel e Márcia leram e mostraram à Tônia, que não se interessou. Oscar Ornstein também não. Anos mais tarde, numa entrevista, ele confessou que um dos arrependimentos da sua vida foi não ter produzido o espetáculo.

Jardel levou *Cabo Frio* para Fábio Sabag ler. Formaram uma companhia e começamos a ensaiar. Dulcina, Jardel e Márcia eram os protagonistas, mas tínhamos um elenco de se tirar o chapéu: Zeni Pereira, que fazia a empregada gorda, tinha a leveza de um balão de hélio; Dirce Migliaccio, Sônia Clara, Claúdio Cavalcanti, João Paulo Adour e Augusto César Vanucci. As músicas eram do João Roberto Kelly (eu escrevi as letras); os cenários, lindos, do Pamplona. As roupas da Dulcina eram do Hugo Rocha, com supervisão geral dos olhos de lince de Dorival Carper. Eu assinava a direção. Ficamos em cartaz de janeiro a julho, com grande sucesso.

Corria o ano de 1965. Fiz a adpatação de *Les Chouettes - As Inocentes do Leblon* (Barrilet e Grédy). No elenco, Tereza Amayo, Leina Crespi, Yolanda Cardoso, Margot Baird, Dorival Carper, Paulo Serrado e Paulo Lima. Começamos no minísculo *Teatro Carioca* (120 lugares) em Botafogo, com sucessivas mudanças no elenco (Betty Faria estreou nessa peça) e muitas viagens pelo Brasil. Ficou mais de um ano em cartaz.

Bárbara Heliodora fora convidada para dirigir o *Serviço Nacional de Teatro* e, para homenagear Martins Penna no ano do seu sesquicentenário, decidiu encenar *O Noviço*. Dulcina dirigiu. No papel título, Renato Machado. Perdemos um excelente ator para termos hoje um grande enófilo e homem de televisão. Eu fazia Ambrósio, o marido interesseiro e Dulcina, a minha mulher. Foi um espetáculo inspirado. Os cenários eram do Pamplona, os figurinos de Arlindo Rodrigues, tudo sugerindo a presença de Debret. As cortinas se abriam e penetrávamos numa gravura antiga. Primoroso. Teatro apinhado. Coisa mais primorosa ainda.

Em O Noviço, *com Dulcina*

1965 foi um ano muito rico em trabalho. Eva Todor me pediu para escrever e dirigir uma peça para ela. Me lembrando que o Machado tinha grande fixação por viúvas (sou Machadiano assumido), reli todos os seus contos e selecionei seis histórias em que houvesse viúvas. Daí surgiu *As Viúvas do Machado*. Antes de mais nada levei o texto para ter a apreciação do Plínio Doyle, grande conhecedor de literatura brasileira. Se ele aprovasse, tudo bem. Aconteceu mais: ele me garantiu que o Machado aprovaria! Pedi a Fernando Lébeis que ligasse as várias histórias com músicas tradicionais da época. Além da Eva, trabalhavam Yolanda Cardoso, Pepa Ruiz, Mário Brasini e Paulo Nolding, com quem Eva se casou durante a temporada. Cenários e figurinos do Pernambuco de Oliveira. Resultou num espetáculo muito bonito.

Naqueles anos, estava em moda fazer-se espetáculos que não passavam, na verdade,de colagens de vários autores.

Fizemos um com textos e músicas que se chamou *Amor Depois das Onze*, porque era feito no *Teatro de Bolso* de Ipanema após o espetáculo em cartaz, donde, começava às 23h00. Eu selecionei os textos que íam da Bíblia até Jung e dirigi o espetáculo. A seleção musical era de Jeny Marcondes. No elenco estavam Maria Pompeo, a então iniciante Djenane Machado, o comediante Amândio (marido da Nadir Rocha que trabalhara comigo na *Viagem a Três*), Nildo Parente e apresentando Patrícia Lins e Silva ao violão. OS figurinos eram da famosa Gisela Machado.

O espetáculo foi um sucesso e, apesar do título, viajou sendo apresentado em horário normal. Houve muita mudança de elenco, e por ele passou até a hoje tão famosa Beth Carvalho que fez sua estréia no palco conosco.

O Teatro Princesa Isabel também queria celebrar Martins Penna. Pediram-me para dirigir duas peças: *As Desgraças de uma Criança* e *Quem Casa Quer Casa*. Foi outro grande sucesso. Foi a única vez em que dirigi Napoleão Muniz Freire, ator e pessoa irretocáveis, e o veterano Manoel Pêra, pai da Marília.

Dulcina me convidou para ser professor de interpretação e direção na escola da sua *Funda-*

ção Brasileira de Teatro, o que aceitei prontamente. Ao mesmo tempo, a convite da Bárbara Heliodora, passei a ensinar as mesmas matérias no *Conservatório Nacional de Teatro*, o que fiz até fins de 68. Magistério sempre fora uma das minhas profissões sonhadas.

Nessa época, Dulcina me pediu para escrever um espetáculo que seria mais um dos seus *Poeira de Estrelas*, reunindo atores famosos da época. Fiz um texto baseado em erro de pessoas. Todos interpretavam personagens que já tivessem feito, mas se encontravam, em cena, com outros que nada tinham a ver com eles. Desenvolvia-se um "diálogo de surdos" onde ninguém entendia nada e ninguém conhecia ninguém. Imagine-se a *Dama do Maxim's* conversando com *Electra*! O absurdo fazia o deleite do público. No final, mais de cinquenta atores dançavam um fantástico galope do Offenbach. Como Deus é brasileiro e deve ter nascido num teatro, fez tudo dar certo. Foi uma noite esplendorosa. Pode parecer inacreditável, mas foi um espetáculo feito para ser apresentado apenas uma única vez.

O adido cultural da embaixada americana, Ackerman, promoveu a leitura de duas peças de Eugene O'Neill. Martim Gonçalves dirigiu *Longa Jornada para a Noite* na qual eu interpretava o velho ator, Tyrone. Eu próprio dirigi *Electra e os Fantasmas* na qual tive a oportunidade de fazer os dois papéis centrais masculinos, já que o Gal. Mannon e Alan Brant não contracenavam. Os anos de chumbo pesavam cada vez mais, começavam a adquirir uma tonalidade cinza mais e mais densa, mais sombria. Cacilda Becker havia ido ao Rio com *Quem Tem Medo de Virginia Wolf* e adoeceu seriamente. Maurice Vaneau (produtor e diretor do espetáculo) tinha contrato para ficar com o *Maison de France* até o fim do ano e precisava montar um espetáculo a toque de caixa. Me pediu então para adaptar e dirigir *Des Doux Dingues* (Marcel André). Fiz a adaptação o mais depressa que podia e - em três dias - estávamos ensaiando. Depois da estréia, os alunos da Faculdade de Filosofia que ficava ao lado do teatro, haviam feito uma demonstração contra o governo e todo o prédio foi cercado por policiais com metralhadoras. À esquerda da fachada do teatro havia um enorme outdoor que era usado para anunciar as peças em cartaz. O *Jornal do Brasil*, nunca hei de esquecer, publicou uma foto espantosa com os soldados armados e logo acima deles o cartaz dizendo: *Um Pouco de Loucura Não Faz Mal a Ninguém*, que era o título da peça, uma crítica impiedosa ao governo e uma excelente publicidade para nós. A comédia era muito engraçada e extremamente divertida. Vanda Lacerda e eu liderávamos o elenco que contava ainda com Elza Gomes e Sérgio de Oliveira, meus companheiros de *My Fair Lady*, e mais Jacqueline Laurence, Maria Regina e Dorival Carper. Não é preciso dizer que tivemos mais outro sucesso nas mãos.

Se há alguém que realmente conheça e goste de Shakespeare entre nós, é Bárbara Heliodora. Ela dirigiu uma leitura do *Hamlet* (na primorosa tradução de sua mãe, Ana Amélia Queiroz Carneiro de Mendonça) no *Tablado* e me convidou para fazer o papel dos meus sonhos, o do rei Claudius. Vanda foi a minha rainha Gertrudes. Era dia 6 de dezembro. Considerei isso uma bela antecipação de presente de Natal.

Outro inestimável convite do Ackermann: escolher duas peças americanas para fazer as leituras dramatizadas no Rio e depois viajar por quase todas as principais capitais e cidades do Brasil. Escolhi *À Margem da Vida* (de Tennesse Williams) e *Falávamos de Rosas - The Subject Was Roses* (de Frank Gilroy, que vinha de ganhar o Prêmio Pulitzer).

Falávamos de Rosas, *com Yolanda Cardoso e Dorival Carper*

Na primeira eu fazia o filho, Tom (devidamente encimado por uma linda peruca) e na outra fazia o pai. Completavam o primeiro elenco a Yolanda Cardoso, Margot Baird e Dorival Carper. Na segunda, apenas Yolanda e Carper, mãe e filho.
Nunca pensei que fôssemos ter tamanha acolhida positiva em teatros tão grandes quanto aqueles em que nos apresentamos por esses brasis, desde Belém até Porto Alegre. Tínhamos marcação, iluminação e música. Todos nós vestidos de preto. O texto, praticamente decorado, não passava de um pequeno livro de capa preta em nossas mãos. O público nos acompanhava com um silêncio atentíssimo. Emocionante. Mesmo. Isto nos ocupou durante a metade de 67.

Recém chegado de Londres, Jardel me aparece com um texto que, segundo ele, só nós poderíamos fazer. Estava empolgado. Tive de ir correndo encontrá-lo para ler a peça - *Staircase* (de Charles Dyer), a história de dois barbeiros homossexuais que viviam juntos há muitos anos. Um deles, lindo - o papel do Jardel. O outro tinha um problema capilar, estava completamente careca, passava unguentos na cabeça e usava permanentemente um turbante. Como se não bastasse, pesava uns cento e trinta quilos. Era eu, estofado de enchimentos. Fizemos uma sociedade (ele, eu, Dorival e Martim), e nos atiramos à aventura. Traduzi e adaptei o texto que acabou se chamando *Queridinho*, muito contra a minha vontade. A peça foi muito bemrecebida pela crítica mas teve uma acolhida um pouco acima do morno por parte do público. Quando terminou a temporada, Martim quis montar uma peça de enorme sucesso em Paris. *L'été – Verão* (de Romain Weingarten). Jacqueline Laurence traduziu e Hélio Eichbauer fez um cenário deslumbrante. A imaginação se apoderou do Martim e do Hélio. Brotaram idéias fantásticas, todas lindíssimas mas todas igualmente inoperantes. Quando Vanda foi assistir, me puxou para o lado e me disse: "Só vocês, em cena, compreendem o que está acontecendo. Isso é um complô a quatro". Dorival Carper e eu éramos dois gatos com macacões de palhaços e maquilagem do teatro clássico chinês. Os adolescentes Helena Ignês e

Heleno Prestes converteram-se em dois jovens acrobatas. Só Deus, Hélio e Martim sabem por quê. Estrondoso sucesso crítico mas total evasão de público. Tivemos que sair de cartaz rapidamente. Mas, pelo menos, pelo meu trabalho no *Queridinho* ganhei o Molière de melhor ator.
Era o final de 67. Márcia de Windsor me pediu para fazer uma nova tradução e dirigir *O Segundo Tiro* (de Robert Thomas) para excursionar. No elenco ela, Ítalo Rossi, Hélio Ary e José de Freitas. Estreamos em Belo Horizonte mas não pude acompanhá-los porque precisava começar a ensair o *Romanceiro da Inconfidência* (Cecília Meirelles) que Maria Fernanda ia apresentar pela primeira vez. Convidou a mim, Othon Bastos, Paulo Padilha, Paulo Serrado, Dorival Carper e Oswaldo Neiva para integrar o elenco. Estreiamos no dia 21 de abril do ano da graça de 1968 reinaugurando o precioso *Teatro de Ouro Preto*. Foi lá que, numa daquelas ladeiras intransponíveis, que eu soube que havia ganho o prêmio Molière.
Naquela época, fazer teatro ia se tornando cada vez mais difícil em função da censura.

Tudo o que se quisesse fazer e fosse um pouco melhor era vetado. Fiz uma readaptação de *O Contato*, minha peça de estréia, salientando que droga era altamente prejudicial mas sabia, de antemão, que não seria liberada, assim como todas as outras que pensávamos em poder fazer. Cheguei a traduzir *Os Filhos do Sol*. Mas o nome Gorki já era anátema.

Carlos Vergueiro entrou em contato comigo. Seria inaugurada aqui em São Paulo a *Televisão Cultura, Canal 2*. O então governador Roberto de Abreu Sodré sugerira meu nome para integrar a equipe da emissora. Como na época eu estava comprometido com Maria Fernanda, não pude aceitar. Mas Carlos me disse que o convite continuaria de pé. Assim, estreamos *O Romaceiro* em Ouro Preto no dia 21 e no dia 23 eu estava ingressando na *TV Cultura*. O elenco continuou fazendo o espetáculo. No Rio de Janeiro foram obrigados a representar com metralhadoras na coxia. Como Cecília falava em liberdade, era considerada subversiva, mais um dos muitos absurdos que nos cercavam então.

Eu sabia que meu trabalho na *Cultura* acabaria

me afastando do palco. Mesmo assim, em novembro, Maria Della Costa e Sandro Polônio me convidaram para fazer um papel irrecusável em *Tudo no Jardim - Everything in the Garden* (Edward Albee). Foi a primeira vez em que atuei como ator na minha cidade e também a primeira em que fui dirigido pelo Flávio Rangel - um duplo prazer. Raras vezes convivi com uma atriz tão disciplinada e dedicada como Maria. Sua aplicação era coisa de nos encher de vergonha. Nunca me esquecerei do seu empenho em procurar fazer sempre o melhor. Com Sandro e Maria, palavra dada era sagrada. Os meses em que estivemos juntos foram dos mais agradáveis. Eu gostava muito do Sebastião Campos e da Dina Lisboa (que também estavam no elenco). Ela foi embora muito cedo. Pena, ainda tinha muito para dar ao nosso teatro.

Mais um trabalho com a embaixada americana. Aguardavam minha sugestão. Pensei em fazer uma seleção de poesias e músicas brasileiras e americanas que - colocadas em determinada seqüência - contassem a história dos dois países. As poesias americanas foram traduzidas por mim. Pedi ao meu querido Fernando Lébeis, que trabalhara comigo em *As Viúvas do Machado*, que se encarregasse da seleção musical e atuasse no espetáculo ao lado de Dorival Carper e Heleno Prestes.

Infelizmente eu só pude estar com eles nas apresentações aqui em São Paulo e no Rio. Eles saíram pelo Brasil afora e eu voltei para a Freguesia do Ó, onde ficava a *TV Cultura*. Este espetáculo - *Harmonia e Contrastes* - entusiasmou de tal maneira o Ackerman que o Departamento de Estado Americano me convidou para fazer uma viagem aos Estados Unidos. Seria impossível descrever tudo o que me emocionou, que vi, que aprendi, naqueles dois meses, seja através do encontro com pessoas que me sensibilizaram, com instituições que me enriqueceram, e com os espetáculos inesquecíveis que pude assistir. Só lamento uma coisa: ter feito esta viagem absolutamente sozinho. Não há nada mais solitário do que uma viagem solitária. Viajar também é dividir o que se está vendo, é comentar o que se está sentindo. Eu fiquei semanas calado.

Não sei conversar com quem não conheço, não sou comunicativo a este ponto.
Pouco antes da minha viagem, ganhei o *Prêmio Walmap de Literatura* (primeiro lugar) com meu romance *E Depois Nosso Exílio*, que eu começara a escrever quando ainda estava em Londres. Dorival Carper encontrou o texto no apartamento do meu pai, leu e me intimou a participar do concurso. O que fiz, mineiramente desconfiado. E ganhei!
Meses depois fui convidado para ser crítico de teatro do *Estadão*, enorme responsabilidade já que eu estaria engantinhando nas pegadas do grande e querido Décio de Almeida Prado, cuja cadeira eu viria a ocupar no *Pen Club* a partir de 1999. Aconteceu que as minhas primeiras colaborações estiveram ligadas aos melhores espetáculos que eu vira nos Estados Unidos. Fiquei com a coluna até maio de 71, quando me afastei para fazer um espetáculo no Rio.
Na *TV Cultura* eu era assessor do Departamento Artístico. Meu universo eram a música, o balé, o teatro e a literatura. Mas eu não me sentia totalmente feliz.

Até hoje não sei exatamente o que me faltava, mas alguma coisa estava faltando. Por isso, quando Dulcina me telefonou sugerindo que fizéssemos outra peça juntos, aceitei na hora. Havia que optar. E optei. Deixei a televisão e fui para o Rio. Fizemos uma comédia que eu tinha visto em Paris, *Les Bonshommes - Um Vizinho em Nossas Vidas* (Françoise Dorin), com Tereza Amayo (que produziu o espetáculo) e Daisy Lucidi. Poucas coisas são mais agradáveis do que fazer teatro entre amigos que se querem bem. De novo, uma experiência única. E já que eu estava no Rio me convidaram para dirigir uma comédia inglesa, de John Chapman e Ray Cooney - *Not Now, Darling* - que fazia um estrondoso sucesso em Paris como *Le Vison Voyageur*. Eu gostava mais deste título, mas usamos o original (*Querido, Agora Não*). Nem por isso estouramos a bilheteria. Nosso vison apenas caminhou, não alçou vôo.

Meu querido amigo, o paraense Avelino Henrique, me convidou para ser diretor artístico da *Radio MEC* (Ministério da Educação) onde eu já estava produzindo há mais de um ano o *Tea-*

um vizinho em nossas vidas

tro Sérgio Viotti, no qual também atuava, usando parte da matéria-prima que fizera na *BBC* de Londres (o *Teatro Sérgio Viotti* voltou a ser reapresentado em fins de 99).

A esta altura do campeonato, Nydia Licia era a diretora artística da *Fundação Padre Anchieta*, e me intimou a voltar, para trabalhar com ela. Eu sempre brinco que não sei dizer não para os olhos azuis de Nydia. Aceitei com uma condição: eu a ajudaria no que fosse possível na televisão mas queria tomar conta da rádio. E ela aceitou. Teve início assim o que eu não hesito em chamar de renascimento da *Rádio Cultura*, que culminaria com a criação do FM, totalmente dedicado à música de concerto e ao melhor da MPB. Diga-se de passagem, eu não teria conseguido este feito se não estivesse dividindo este trabalho com meu amigo Dorival Carper, que foi de uma dedicação ímpar.

Apesar da rádio devorar meus dias e minhas noites, mesmo assim ainda tive tempo de fazer algum teatro. Osmar Rodrigues Cruz, que dirigia o *Teatro do SESI* me pediu para escrever uma adaptação da *Senhora* (José de Alencar) que entre a capital e o interior ficou em cartaz praticamente um ano. Em 1972, Sesquicentenário da Independência, voltei a escrever para ele um espetáculo comemorativo - *Um Grito de Liberdade*. Nunca serei suficientemente grato a Marcos Carneiro de Mendonça que colocou à minha disposição a sua inestimável biblioteca Brasiliana, e eu me vi trazendo para São Paulo edições raras da época da Independência. Houve atraso na estréia, o que prejudicou a carreira da peça, creio. Deveríamos ter começado pelo menos dois meses antes do 7 de setembro, e estreamos no início daquele mesmo mês.

O mesmo Osmar me dirigiu em *L'Amante Anglaise - Os Amantes de Viorne* (Marguerite Duras). No elenco, Nathália Timberg que interpretava minha mulher e Geraldo Del Rey no papel do advogado. Infelizmente eu não contracenava com a Nathália. A peça consistia de dois depoimentos, primeiro do marido, depois da mulher, durante um interrogatório. Foi um dos papéis mais difíceis que já fiz, aquele Pierre Lannes.

Mas como todo desafio, foi um extraordinário prazer. Uma amiga extremamente exigente e crítica impiedosa me disse: *"Quando você entrou em cena fazendo aquele francês do interior, eu vi o pão bengala embaixo do seu braço, e não havia pão nenhum!"*. Não podia haver crítica melhor.

Os Amantes de Viorne

No ano seguinte fiz meu único trabalho com o Antunes Filho (finalmente!), a peça inglesa de Anthony Shaffer – Sleuth - *O Estranho Caso de Mr. Morgan*, que Laurence Olivier fez no cinema (e não creio ter envergonhado meu mestre). O outro personagem da peça era o Ney Latorraca, então no início da carreira, a quem aprendi a querer bem desde então.

Dulcina se mudou para Brasília em 72 e se aplicava na construção do prédio da FBT e do teatro anexo. Nos víamos quando ela vinha a São Paulo e ficava no apartamento da sua irmã, Edith, justamente aqui na minha rua, Dona Veridiana. Era fácil estarmos juntos, e muito.

Foi em 75 que o Nilo Scalzo me convidou para juntar-me à equipe do novo *Suplemento Cultural do Estadão* como Editor de Arte, o que fiz enquanto o suplemento durou (quase três anos) colaborando com muitos artigos. E tive também duas experiências magníficas como narrador com orquestra quando fiz *O Evadido de Varsóvia* (de Schöenberg) e *A Cantata Eligíaca* (de Cláudio Santoro), no Municipal.

108

O ESTRANHO CASO DE MR. MORGAN
UMA OBRA PRIMA DO SUSPENSE
POLICIAL INGLÊS
de ANTHONY SHAFFER
direção ANTUNES FILHO
cenário JOSÉ DE ANCHIETA
SERGIO VIOTTI
NEY LATORRACA
RENATO AZEVEDO
TEATRO ITÁLIA

Eu já havia traduzido *Um Equilíbrio Delicado* (de Edward Albee) que a Bloch publicou. Fomos convidados para fazer uma leitura dramatizada (sempre com marcação, luz e música), no pequeno auditório do *Clube Harmonia*. Não avaliávamos como aquele público aceitaria um texto tão sério. Mas foi, de novo, uma experiência única. Resultado imprevisto. Acompanharam o primeiro ato no maior dos silêncios. Quando começamos o segundo, depois do intervalo, havia gente sentada pelo chão com as raquetes de tênis no colo. Repetimos na semana seguinte com sucesso ainda maior.

Esta é uma das minhas peças queridas. Se não pude fazer o Tomás no palco, esta experiência valeu como prazer profundo. Nosso elenco era perfeito: Nydia Licia, Beatriz Segall, Ariclê Perez, Yolanda Cardoso, Dorival Carper (que foi obrigado a substituir Lineu Dias que ficara seriamente doente, à última hora).

Meu contato renovado com Beatriz a deixou interessada em uma peça que eu havia escrito – *Maflor* - na qual eu a dirigi no *Studio São Pedro*. Beatriz estava excelente no papel de uma pequeno burguesa vulgar, antítese de tudo que ela é como pessoa. Infelizmente não tivemos o sucesso desejado. Devo admitir que um conserto que transformou toda a esquina do teatro em um campo de batalha minado, impedindo qualquer aproximação por carro e ameaçando de morte os pedestres, deve ter contribuído. Apesar de tudo, ainda gosto da peça. E celebro Beatriz nela.

Ia para a Europa ou Nova York a cada ano, e em 78 fui a Paris. Representei a nossa *TV Educativa* no *Festival do Cinema Científico para Televisão* realizado no *CNRS* (*Centre National de Récherche Scientifique*), para o qual enviáramos dois filmes. Acabei sendo o presidente da mesa, eu, que parecia conhecer todas as linguas faladas no evento. Até meu parco russo veio à baila e acabei ganhando do representante soviético um convite (verbal) para as Olimpíadas e um broche com o ursinho simbólico. Voltando da Europa convidei Cleyde Yaconis para fazer *Os Amantes* (Harold Pinter). Dorival Carper na direção. Foi um espetáculo, a meu ver, perfeito.

Trabalhar com Cleyde é dádiva dos deuses e nos entendíamos tão bem e tanto em cena que era como não estarmos fazendo Sara e Ricardo, mas sendo Sara e Ricardo. Inauguramos a placa de Flávio Império em homenagem a Cacilda Becker, no Municipal, onde lotamos todas as apresentações e depois viajamos para várias cidades do interior paulista.

Meu apartamento no Rio, na barra da Tijuca, ficou pronto em fins de 79. Férias no vigésimo andar, celebrando a paisagem, e os pais, nela. Eu estava terminando um romance - *O Boi no Café* - que continua inédito, e já às voltas com outro. Para não falar dos contos que iam se acumulando.

Com tantos amigos músicos, planejei um espetáculo de grande beleza - *A Valsa* - que contava sua história através do piano, violão e voz de vários artistas. Participaram: Gilberto Tinetti, Caio Pagano, Amaral Viera e Yara Ferraz, Piero Maranca, Maria Lucia Pinho, Maria Lúcia Valladão, Zuinglio Faustini, Fernando Lébeis e eu, que fazia a apresentação das valsas, de Mozart a Chico Buarque. O *Cultura Artística* foi insuficiente para tanto público.

Dulcina me convidou para integrar o conselho da *FBT* em Brasília, e lá ia eu, de três em três meses, para o planalto central. Reuniões e longa conversa. De onde brotou o pedido: escrever uma peça para ela. Queria encená-la no novo *Teatro Dulcina*, em Brasília, com artistas locais e alunos da *FBT*. Talvez "importar" um ator para contracenar com ela.

Eu não queria escrever mais uma comédia. Mas era difícil, se não impossível, dizer não a Du. E aos poucos foi surgindo o que, ao fim, seria *O Melhor dos Pecados*, que muitos acharam vagamente biográfica, o que não era. Fui a Brasília com a peça pronta. Bibi estava lá. Depois do jantar, Dulcina insistiu para eu ler o texto. Hesitei. Estas coisas raramente dão certo. Li. Ao fim da noite, estava decidido: Bibi disse que queria produzir e dirigir a peça no Rio. E assim foi. Quando voltei de Nova York estava na hora de irmos para Curitiba, onde a peça estreou. Depois de uma temporada em Brasília, Rio de Janeiro. Críticas mornas para a comédia, panegíricos (merecidíssimos) para Dulcina, que recebeu um *Molière*. Outra adaptação que fiz de *Les Chouettes* estreou em São Paulo, agora entitulada *Como Agitar Seu Apartamento*. Sua maior virtude, se não foi a única, foi trazer Maria Fernanda de volta aos palcos paulistas.

A chegada de 1982 preconizava um ano triste. E foi, com a semeadura da morte pelo caminho. Em fevereiro, perdi minha querida Carmem Flora Cabral e, em agosto, meu pai. Nem mesmo outra fuga a Nova York entre uma e outra ceifa conseguiu restabelecer os equilíbrios rapidamente, eles que são tão necessários. Talvez isso tenha tido alguma coisa que ver com a minha decisão, ao voltar, de deixar a *FBT* depois de quinze anos.

Fase do não fazer. Fase do não pensar. Fase de apenas escrever e reler o que talvez não tivesse tempo de reler: de Swann ao Conselheiro Acácio, da Mme. Bovary a Justine, do Machado a Julien Green, de Martin du Gard a Thomas Mann. E continuaria lendo indefinidamente se o Flávio Rangel não me convidasse para fazer o Dr. Sloper (que eu fizera na televisão há muitos anos) em *A Herdeira* (de Henry James), que me valeu o prêmio da *Associação Paulista dos Críticos de Arte*. A estréia me reservava uma emoção inesquecível. Entrei em cena e antes mesmo de dizer a minha primeira fala, a platéia irrompeu em um aplauso longo e carinhoso. E eu me dizia: *"Eu não mereço isso. Não mereço, mesmo"*. Merecendo ou não, que emoção imensa.

Em A Herdeira

Capítulo VII

Um Ator-Diretor e Seus Diretores

Olhando para trás, vejo que tive a sorte - talvez seja esta a palavra - de ter sido dirigido várias vezes por poucos diretores. Isso cria uma intimidade entre o seu trabalho e o da pessoa que está lhe dirigindo. Jack Brown, que foi oficialmente o meu primeiro diretor, foi alguém de extrema valia para mim porque foi ele quem me mostrou a grande diferença entre teoria e prática teatral. Eu sabia de Stanislavski, de sistemas e métodos, mas aí Jack chegou e me ensinou, em termos práticos e viáveis, a transformar tudo aquilo em praticidade, em utilidade imediata, lições que eu uso até hoje. Sempre me perguntam sobre a eficiência da memória emotiva, e eu digo que sim, que não é possível invalidar certas coisas de Stanislavski, mas por outro lado não me lembro de nenhum outro diretor que o evocasse, a não ser Dorival Carper em alguns momentos, quando me dirigiu, com Cleyde Yaconis, em *Os Amantes*.

Antunes Filho, com quem trabalhei uma única vez, naquela que julgo ter sido a última peça "formal" que ele fez (*Sleuth*), se preocupou muito mais com o espetáculo em si do que com aquilo que ele pudesse extrair do ator/personagem. Na verdade quando se trata de um ator como eu, que tem muita cultura (desculpe, mas é verdade), uma inteligência aguçada (desculpe, mas é verdade), que sou professor de interpretação e sei como um ator funciona, o diretor não tem que me ensinar quase nada. Porque eu sei fazer. Ele poderá discordar daquilo que estou fazendo, mas sei que estou fazendo alguma coisa válida, sólida, alguma coisa que tenha tutano. Flávio Rangel trabalhou comigo algumas vezes. Não havia necessidade dele me ensinar o que eu tinha que fazer. Ele podia me sugerir uma inflexão nova, um ritmo diferente, um detalhe precioso mas, no todo, era mesmo aquilo que eu estava fazendo. Com Dulcina, por exemplo, que também me dirigiu, era uma maravilha. Nós dois pensávamos igual. De uma certa maneira, éramos uma pessoa só. Nós nos olhávamos e sabíamos o que o outro estava pensando. Dulcina dizia que há diretores *"com quem você não trabalha, você troca idéias".* No meu caso, sinto que todos os diretores com quem trabalhei não me dirigiram no sentido formal da palavra. Eles apenas trocaram idéias comigo, porque eu não ia contra a visão que eles tinham. Acho que no fundo é isso.

Quando eu dirijo, não confio muito nos famosos ensaios de mesa, aquilo que os franceses chamam de *répetition à l'italienne*, ensaio italiano, aquela coisa de ficar sentado em volta da mesa e falar durante um mês a respeito da peça e do personagem. No fundo, é uma técnica que pode ser válida, mas que não é 100% válida, 100% útil, porque é na hora que você sobe ao ringue que você tem que provar se sabe ou não fazer. É na hora que você enfrenta o touro que você tem que dizer se você sabe o que é uma tourada. De pouco adianta intelectualizar o papel, saber muito a respeito do autor, saber o que é o teatro da *Renascença*, o que é *Comedia dell'Arte*. É preciso transformar tudo em ação. Transformar em ação é representar. Eu sempre digo que agir é representar, representar é agir.

Quando sou eu quem dirige, procuro ser muito cuidadoso em escolher com quem eu trabalho. Para começar, quero pessoas que eu conheça bem, que eu goste. Eu nunca poderia trabalhar com uma pessoa de quem eu não gostasse, que eu sei que tem um determinado padrão de cultura, de compreensão e de humor muito diferente do meu. É muito importante trabalhar com pessoas que tenham a visão certa e o humor adequado, porque a intimidade que se cria em teatro é uma coisa praticamente "imoral", é muito física. Eu sempre anseio que eles façam aquilo que eu espero que eles façam. Quando eles fazem, eu agradeço de joelhos, mas quando eles não fazem, choro em silêncio.

O diretor que mais vezes me dirigiu foi Dorival Carper. Foram quatro vezes, quatro experiências que, para mim, foram extremamente valiosas porque - como nós nos conhecemos extremamente bem - quando ele me olha já sei o que ele está querendo, como era com Dulcina. Se eu tenho alguma dúvida, alguma hesitação, ele é capaz de me oferecer não uma, mas várias alternativas.

Quando ele me dirigiu em *As Idades do Homem*, que eram 16 textos de Shakespeare, ele realmente me alertou para a variação de ritmo entre os personagens que eu fazia, algo que era importantíssimo no espetáculo. A minha mineirice, o meu desconfiômetro, como eu costumo chamar, me tolhe muito. Tenho horror a exagerar. Nesse ponto também Dorival me foi extremamente útil porque ele dizia sempre *"Sai da casca, abre a janela, areja"*. Era como dizer *"Exagera mais um pouquinho, não há problema nisso"*. Mas, por outro lado, quando eu estava "animado" demais ele dizia *"Agora controla um pouco"*. Isso cria um equilíbrio muito salutar e enriquece o espetáculo. Num outro espetáculo em que ele me dirigiu, *As Regras do Jogo* (Noel Coward) meu papel era, digamos, linear. Mas havia uma dificuldade que era uma emoção subterrânea. O personagem era um homem que carregava dentro dele, abaixo dele, no fundo dele, toda uma carga emocional que ele não permitia que viesse à superfície. Dorival me auxiliou muito a fazer essa prospecção de descer ao fundo dessa mina, não sei se de ouro ou de carvão, trazendo à tona essas coisas que ele não queria que fossem reveladas. É extremamente agradável trabalhar com Dorival, porque como eu sempre digo, é bom trabalhar com quem você gosta, com quem você se entende e pode dizer o que passa pela sua cabeça.

As Idades do Homem

As Regras do Jogo, *com Glória Menezes e Hildegard Angel*

Em televisão é outra história. Televisão raramente é a arte de representar. Basicamente é a arte de esperar. Em televisão não dá tempo. Por mais que um diretor queira te dirigir como ator ele não tem tempo para te orientar.

Ele chega lá com um roteiro que tem um mínimo de vinte cenas e um máximo de trinta e três, e ele tem um número limitado de horas para gravar aquilo tudo e, é claro, não pode perder tempo. A gente brinca e diz que é como uma máquina de fazer pizza: você põe oito, tira oito, põe dez, tira dez, você põe quinze e tira quinze... Por isso é que em televisão é muito importante a improvisação. Se você sabe estar alerta e improvisar, você consegue fazer televisão. Mas a qualidade com que você faz, o resultado final, depende do seu talento individual como ator. Porque em televisão a gente faz aquilo que é capaz de fazer e aquilo que sabe, na hora. Você não tem tempo de construir personagem, no máximo você pensa no personagem antes. Mas que antes? Às vezes recebemos o texto dois dias antes da gravação. Quando se trata de um personagem mais denso, no momento em que você decidiu a maneira com a qual ele vai se comportar no primeiro capítulo, é muito raro que ele mude até o último. Do primeiro capítulo até o fim ele vai ser igual. No caso desse judeu alemão, o Samuel, que eu fiz agora na minissérie

Um Só Coração, tive várias coisas a meu favor: primeiro porque tenho uma profunda ligação, uma sensibilidade com tudo que se refira a judeus. Sempre tive. Eu fiz - no *Grande Teatro Tupi* - duas peças do Paddy Chayefsky em que eu interpretava personagens judeus e eu adorei fazê-los. Fiz um cantor de sinagoga e fiz um velho judeu de 130 anos cujo grande sonho era ir para a Ilha da Páscoa. Mais tarde fiz "meu primeiro grande judeu" em *Kananga do Japão*, o papel que me ensinou a ser judeu. É claro que, tendo amigos judeus, eu perguntava a eles como deveria agir, e eles me ensinaram pequeninos detalhes, coisas que me foram úteis e das quais não me esqueci. O meu judeu na *Kananga* era completamente diferente do personagem de *Um Só Coração*. O judeu da *Kananga* era firme, ortodoxo, forte, implacável, enquanto esse último era um judeu destruído, que teve a vida destroçada, estraçalhada e, mesmo não tendo ido para o campo de concentração, ele trazia uma carga de sofrimento, de mágoa, uma profunda dor dentro dele.

Você recebe o texto, decora e grava. É assim

que funciona. Essa minha participação na minissérie foi feita em menos de quatro semanas, enquanto que numa peça de teatro às vezes levamos dois meses ensaiando. Para mim não foi um papel difícil porque havia muita identidade de alma entre mim e este personagem. A minha sensibilidade abrigou a sensibilidade dele. Foi só abrir os braços e deixar que ele penetrasse dentro de mim. Fiquei extremamente feliz por fazer este papel; há muitos anos que eu não fazia - em televisão - um papel que acalentasse a minha alma, e este acalentou.

Às vezes me perguntam como é que se constrói um personagem e, sem querer minimizar o nosso trabalho (como atores) de análise na composição de um personagem, me lembro sempre de uma entrevista do Anthony Hopkins que eu vi na televisão. Diante dessa mesma pergunta, ele olhou para o entrevistador e disse essa frase simples (e até irônica): *"Sou um ator. Recebo o personagem, leio e faço"*.

Capítulo VIII

Anos Televisivos

Quando me chamaram para fazer o papel de Frei José na que seria a minha primeira novela, *Sinhá Moça*, em 1986, perguntei se era jesuíta ou dominicano. Se fosse um dos dois, eu não aceitaria. Quando soube que era um franciscano, aceitei na hora. Paralelamente, participei da montagem de uma deliciosa comédia *O Que o Mordomo Viu* (Joe Orton), meu terceiro trabalho com Flávio Rangel e o último dele, infelizmente. O meu alucinado psicanalista Dr. Rance me valeu uma indicação para o *Mambembe*.

Kito Junqueira me pediu para "reformular" a peça *O Segundo Tiro*, que eu traduzira e dirigira em 68. "Reformulei" totalmente e tanto que transformei um papel masculino em feminino. No elenco estavam, além dele, Regina Braga, Thaia Perez e Roberto Orozco. Márcio Aurélio dirigiu.

Sinhá Moça, *na TV Globo, com Rubem de Falco*

O Que o Mordomo Viu

Se há alguém que conheça e ame Shakespeare à insensatez, é Bárbara Heliodora, repito sempre. Ela fez uma série de oito conferências intituladas *A Trajetória de Shakespeare* comentando a vida e a obra do autor, cronologicamente. E me convidou para fazer todos os personagens masculinos, o que fiz com o maior dos prazeres. E isto foi a semente para um espetáculo solo que eu faria três anos depois.

Meu amigo de sempre, Zevi Ghivelder, me convidou para participar da novela *Corpo Santo*, na TV Manchete, onde fazia um mafioso grego, papel esplêndido que me permitia viver um mau-caráter, o que sempre gostei e raramente pude fazer. Ele me valeu o prêmio da *APCT*.

Logo em seguida o destino me reservava uma grata surpresa. Daniel Filho me chama para viver o Conselheiro Acácio na minissérie *Primo Basílio* (Eça de Queiroz), um dos papéis mais ilustres da literatura luso-brasileira. Só o fato de ter feito o Conselheiro justifica, para mim, toda a minha carreira em televisão. O trabalho do Daniel Filho na direção foi muito além do primoroso. Dava prazer ver o prazer que ele sentia ao criar com tamanha precisão e talento aquela bela urdidura. Poucos trabalhos me deram tamanha alegria.

Quando a Shell comemorava 75 anos no Brasil, decidiu apresentar nas principais capitais um espetáculo homenageando as várias colônias que edificaram nossa terra. Havia uma seqüência de lindos números de canto e dança lembrando Portugal, Itália, Espanha, Alemanha e Japão. Infelizmente, eu e Eva Wilma, os apresentadores, fomos obrigados a manter a nossa serenidade e não entrar na dança... Mas adoramos estar lá.

De volta à Manchete, participei de *Olho por Olho*, que não julgo ter sido uma novela boa. Para compensar, *Kananga do Japão* era perfeita. Direção irretocável da Tizuka Yamasaki. Eu fazia um judeu, Samuel, um dos melhores papéis que tive. Como nem tudo são flores, voltei para a Globo para fazer Seu Plínio, um burguesão irresponsável, em *Mico Preto*, um trabalho indiferente.

Foi só quando Mauro Rasi me convidou para trabalhar na sua *Estrela do Lar*, fazendo três papéis (Hermes, Dr. Alvarenga e o general fascista), me dei conta de que só havia feito uma peça brasileira, *O Noviço.* Paralelamente, fui convidado para traduzir e dirigir *Outra Vez* -

Another Time (de Ronald Howard). Era um texto difícil, eu estava sobrecarregado por causa da televisão e pedi ao Dorival Carper para codirigir.

Uma linda peça, com belos cenários giratórios do Irenio Maia e um ótimo elenco - Edwin Luisi, Leonardo Villar, Vanda Lacerda, Martha Overbeck e apresentando o então jovem ator paulista Charles Möeller. A peça não atingiu o alvo do grande público, infelizmente. Nosso maior inimigo na época foi Fernando Collor.

Para celebrar meus trinta anos como ator decidi fazer um espetáculo solo com trechos de Shakespeare - *As Idades do Homem* - conseqüência das conferências da Bárbara, como disse. Dorival Carper dirigiu. Consistia numa seleção de monólogos de 16 personagens de Shakespeare. Era o meu próprio compère, apresentando cada um deles ao público com uma pequena mas precisa introdução. Fiz este espetáculo ao longo desses anos umas duzentas vezes. Uma noite, faz pouco tempo, me dei conta de que pela primeira vez tinha feito o espetáculo da forma certa.

Quando vou para o palco estou sempre sendo perseguido pela "perfeição do perfeito". A cada apresentação é preciso se tentar fazer o melhor dentro das nossas possibilidades. Continuarei fazendo enquanto me levar a energia, e é uma alegria imensurável ter certeza de que tudo que se está dizendo em cena é belo e perfeito. Fiz em cidades do interior de São Paulo e de Minas e ainda tenho todo este imenso Brasil para percorrer. Confesso: vontade não me falta.
Foi em janeiro de 91 que o volume *Dulcina Primeiros Tempos (1908-1937)* foi publicado pela Fundacem. A biografia completa seria lançada pela Lacerda Editores dez anos depois.
Em abril, recebi da Câmara Municipal o título de *Cidadão Honrário do Rio de Janeiro*, de que muito me orgulho.
Naquele mesmo ano Maria Adelaide Amaral e Cassiano Gabus Mendes me convidaram para participar de *Meu Bem, Meu Mal* fazendo um personagem que era muito parecido comigo. O Toledo foi um enorme sucesso.
Vim para São Paulo pensando que teria um período de calmaria.

Em Meu Bem, Meu Mal, *com Ariclê Perez e Cássio Gabus Mendes*

Nem bem me instalei de novo em casa, Mauro Rasi me convida para trabalhar em *Baile de Máscaras*, talvez seu melhor texto. A peça era baseada em personagens reais que ele conhecia, e se passava na casa do meu personagem Rodolfo. Ganhei uma indicação para o Molière. Em janeiro de 92 fiz *As Idades do Homem* no Festival de Verão no Municipal de São Paulo a convite do Emílio Kalil. Foi uma experiência reveladora, confirmando que Shakespeare é um autor eminentemente popular. Teatro apinhado de alto a baixo. Preços popularíssimos. Era o povão, o mesmo para quem Shakespeare escrevia. Eu, sozinho no proscênio. Quando entrei em cena na noite da estréia eu me disse: *"Que é que você está fazendo aqui? Você é um louco. Eles vão odiar!"*. E comecei.

Ao fim do primeiro monólogo, que termina com uma mesura de agradecimento, aplausos. Depois, risos onde era preciso rir. Silêncio quando era necessário. Aplausos quando os ânimos se acalouravam. E um final consagrador. Shakespeare era o grande heroi da noite. Eu estava servindo apenas de veículo para sua grandeza. Depois da ovação de *My Fair Lady*, da acolhida em *A Herdeira* e desta renovada emoção, precisa-se de mais alguma coisa?

Foi em 92 que fiz o meu terceiro Pinter: *Volta ao Lar - The Homecoming.* O açougueiro Max é, sem dúvida, um dos grandes papéis da dramaturgia contemporânea, um homem rude, grosseiro, totalmente desprovido de sensibilidade. Max foi um presente. Ele me deu o *Prêmio Shell*.

Em Volta ao Lar

Mais uma novela, Dr. Gabriel em *Despedida de Solteiro*, um médico boníssimo, humano, para compensar o Max que eu fazia à noite, no teatro Copacabana.

Em agosto de 92, participei de um lindíssimo espetáculo no Municipal de São Paulo, patrocinado pela Congregação e Beneficência Sefardi paulista. Era um balé com narrador, o *Camina y Torna (Vai e Volta)* lembrando a expulsão dos judeus da Espanha, há quinhentos anos. A companhia de dança *Kol Demame* de Moshe Efrati veio de Israel especialmente para esta apresentação única, da qual muito me orgulhei de participar.

Com Patrícia em Despedida de Solteiro

Havia um áudio do texto já gravado em hebraico e em ladino. Eu, em cena, entre os dançarinos, disse o texto em português. Uma noite inesquecível. Recebi a medalha *Tiradentes* do Rio de Janeiro por serviços prestados à cultura e ainda o prêmio Qualidade Brasil pelos meus trabalhos na televisão.

Devido ao sucesso de *As Idades do Homem* fizemos uma temporada de três meses no Culturinha (sala Rubens Sverner) viajando depois pelo interior de São Paulo e de Minas. Minha tradução de *As Cartas na Mesa – Entertaining Mr Sloane* (de Joe Orton) foi encenada no Rio com Eva Todor e Rubens de Falco.

Em agosto, participei no Municipal de São Paulo de um espetáculo com a soprano Aprile Milo. Volto às novelas em setembro. Uma, longe de ser a ideal, *Olho no Olho,* na qual eu interpretava um papel muito saboroso, Jorginho, cujo coração balançava entre duas irmãs - Cleide Yáconis e Eva Todor. Não podia estar em melhor e mais querida companhia. E o ano terminou com *As Idades do Homem* inaugurando o décimo Festival de Teatro de São José dos Campos.

 Com Eva Todor em Olho no Olho

Traduzi e adaptei *As Regras do Jogo – Song at Twilight* (de Noel Coward) que Dorival Carper dirigiu. Um espetáculo suntuoso, *"digno do teatro Haymarket de Londres"*, como disse Bibi Ferreira com a maior justeza. Nosso cenário era do decorador Hélio Fraga. Todos os autênticos objetos de cena (móveis, tapetes, espelhos e lustres) foram cedidos pelos antiquários Betty e Carlos Alberto Serpa. Eu fazia um personagem inspirado no escritor Somerset Maugham ao lado de Glória Menezes. Trazíamos de volta a famosa colunista Hildegard Angel que fora minha aluna no Conservatório e trocara o palco pelo jornalismo. Não perdera nada do que possuia de melhor. A sua Lady Latimer era lindamente desenhada. Esta foi mais uma vez que trabalhei com o produtor Reynaldo Loyo com quem estivera ligado em outras encenações. Fizemos este Noel Coward no *Palácio das Artes* em Belo Horizonte e no lindíssimo *Teatro Arthur Azevedo*, em São Luis do Maranhão.

Voltei a Belo Horizonte para mais Shakespeare, no *Teatro Alterosa*. Já que estava em Minas, fiz uma participação, como o médico Dr. Rafael na nova versão de *Irmãos Coragem* que me levou até Diamantina, que eu não conhecia. Uma viagem deslumbrante marcada por paisagens das mais belas que eu já vi. Foi nessa época que comecei a pesquisar para escrever uma peça sobre Alma Mahler. Recebeu o nome de *A Noiva do Vento.*

A maior surpresa que 95 me ofereceu foi a gravação de um CD duplo com cinqüenta poesias do Augusto Frederico Schimidt, a convite de

Eliane Peyrot, que me apresentou ao José Mário Pereira, da *Top Books*. Ele viria a publicar naquele mesmo ano meu romance *A Cerimônia da Inocência*. Em seguida, fiz mais uma novela, *História de Amor*, na qual eu fazia um papel indiferente, o do Dr. Gregório, dono de uma agência de turismo. Pelo meu romance *A Cerimônia da Inocência* recebi outro prêmio *Qualidade Brasil*.

Sempre gostei de traduzir, mas durante anos me limitei a trabalhos ligados a teatro. Quando Pedro Paulo Senna Madureira, então na *Siciliano*, me convidou para traduzir a primeira parte da grande biografia de Tennessee Williams (de Lyle Leverich), exultei. Foi um trabalho longo. Mais de 700 páginas. Infelizmente o volume ainda não foi lançado. Nem cheguei a ler a segunda parte.

Logo em seguida outra tradução, *Desejo-lhe Amor*, do dinamarquês Eryk Hanut. Ele manteve durante algum tempo, conversas telefônicas com Marlene Dietrich (já na fase final da vida da atriz, quando se recusava a ver pessoas) e daí resultou esse pequeno livro fascinante no qual ele reproduz as conversas e traça o desenho de uma personalidade irretocável.

A *Manchete* me convida para apresentar uma interessante série de doze documentários chamada *Século XX*. Durante esse período, minha tradução do *Schweik na Segunda Guerra Mundial* foi publicada no volume 9 das obras completas do Brecht (Editora Paz e Terra). Participei do evento *La Passion de Lire* lendo poemas de Jacques Prévert e Guillaume Apollinaire no Consulado da França. Tive a felicidade de dizer dois poemas do Drummond no documentário de Heddy Hoenig sobre o poeta, o que valeu para ela um prêmio da *RAI* (*Rádio Televisão Italiana*). E também filmei o primeiro episódio da série para televisão *Taxi Brasil - O Embaixador*, fazendo o papel título. A direção era de Marcelo França.

O ano de 1996 foi marcado pela morte de minha mãe. Ela viveu, como costumava dizer, *"mais do que o devido e o necessário"*. Ela reclamava muito: *"Meus amigos todos foram embora e eu ainda estou aqui"*. E eu dizia, *"mãe, esse é um dos problemas da longevidade."* Ela morreu com mais de noventa anos e morreu bem, saudável, comendo todas as coisas que não podia, bebendo todos os champanhes que não devia, querendo fazer todas as coisas que ela não tinha mais energia para fazer, mas que insistia em fazer... Ela acompanhava - e festejava às vezes exageradamente - a minha carreira e tudo o que eu fazia. Fã de televisão, ela gostava muito de cinema. Acho que ela viveu uma vida muito boa, se casou várias vezes, viveu muitos anos na Europa, visitou países que eu ainda não conheço. Com mais de setenta anos se hospedou na casa de uma amiga na Suiça, deixou a mala lá e se mandou para a Espanha. Me ligou de Barcelona para dizer que estava viajando com uma maleta pequena porque *"há vários vilarejos deste país que eu não conheço..."* E lá foi ela, de ônibus, para percorrer a Espanha inteira. Numa outra viagem, ela me ligou de Marselha, dizendo *"estou com fulana de tal* (que eu não conhecia) *e vamos para Constantinopla".* Ela não dizia Istambul; era Constantinopla mesmo. *"Vou para a Turquia e de lá para a Criméia porque eu quero ver o hotel onde Churchill, Roosevelt e Stalin conversaram no terraço e depois vou para Moscou e São Petersburgo".* E fez tudo isso. Era uma pessoa de uma energia invejável. Onde ela estiver, deve estar dando trabalho aos anjos...

Em 97 fiz uma participação em *Chica da Silva*, na *Manchete*, trabalho que não encheu minha alma de alegria e, além do mais, eu tenho horror a usar peruca de época. Invariavelmente fico com cara de imbecil. Contrariando os bons avisos de Dorival Carper, que me preveniu que eu não devia me lançar à aventura de encenar um espetáculo-solo (que eu imaginava ingenuamente ser humorístico), *Humoresque,* enfrentei o meu primeiro estrondoso fracasso. Espero em Deus que tenha sido o último. Não me arrependo. Não há nada como se fazer algo que resulte em aprendizado. Tudo que aprendi vai me valer pelo resto da vida que me sobra.

A *Record* me convidou para atuar numa minissérie muito bem escrita, *Por Amor e Ódio,* na qual eu fazia um personagem muito interessante, Frederico Saragoza, um burguês de aparência impoluta que era traficante de drogas. Logo em seguida, Maria Adelaide

Amaral me deu um presente: o português Américo em *Anjo Mau*. Esta novela me proporcionou uma visita a Portugal onde, prazerosamente, reencontrei Pirmin Trecu, residindo no Porto. Coisa extraordinária: não nos víamos desde 1957. Quando ele abriu a porta e me acolheu no alto da escada, retomamos a conversa na sala como se nos tivéssemos deixado na véspera.

Seu Américo foi um dos papéis mais agradáveis que já fiz. Um português *"que se fez por si mesmo"*, um imigrante que enriqueceu trabalhando e, mesmo assim, continuava à frente da sua mercearia/casa de vinhos. Eu falava com o meu melhor sotaque lusitano, o que diga-se de passagem, faço à perfeição. Tenho horror a portugueses caricatas, a estes personagens anedóticos que fazem por aí. No meu caso, o próprio embaixador de Portugal quis me conhecer e agradeceu a autenticidade do meu personagem.

Neste mesmo ano fui agraciado, pelo governo da França, com o título de *Chevalier des Arts et des Lettres*.

Em Anjo Mau

Em maio de 98, voltando de mais uma viagem a Nova York, foi lançado meu livro de contos *A Partida Sempre*. Outra excursão com Shakespeare, a partir de Brasília. Viagem de belos inesperados. Conheci Palmas (Tocantins) e lá encontrei um dos mais completos teatros modernos de quantos existem por aí. Visitei muitas outras cidades de Goiás, e me encantei com Luziânia e Peirópolis, principalmente.

Como os círculos sempre se completam, aceitei

(finalmente) dar cursos de interpretação na *CAL*. Ian Michalski já havia, assim que comecei a fazer novelas, me convidado para voltar a ensinar, mas eu não queria me sobrecarregar. Agora, os horizontes estavam mais brandos, aceitei e me confirmei que poucas coisas dão maior prazer do que ensinar. Dei mais dois workshops na *CAL*.

Foi só em outubro que voltei às novelas. Desta vez de Aguinaldo Silva, *Suave Veneno*, onde eu interpretava um saboroso papel, tio Alceste, se tornou uma espécie de "tio dos tios", já que todos que falavam comigo queriam ter um tio exatamente como ele.

O *Teatro Municipal do Rio de Janeiro* comemorou seus 90 anos em 99 e encenaram a versão de Justin Loche de *Pedro e o Lobo* (Prokofiev). Traduzi e fiz o papel do juiz. Era na verdade o julgamento do lobo. A história tradicional era contada com música mas o mau-caráter acabava no tribunal. O espetáculo foi repetido no ano seguinte com igual sucesso.
Logo em seguida voltei a Londres para estar com meus muito queridos amigos, Moo e Bob Broughton, ver mais teatro e exposições que alimentam minha memória há tantos anos.

No começo de 2000, tive uma participação especial em *Terra Nostra* seguida de mais uma excursão por Minas Gerais. Finalmente consegui voltar ao *Teatro de Ouro Preto*, depois de trinta e dois anos, com meu Shakespeare. A TV volta a me chamar para uma participação em *Os Maias*, adaptação de Maria Adelaide Amaral do romance de Eça de Queiroz. E logo o convite para fazer parte do *Pen Club do Brasil*, ocupando a cadeira que pertencera a Décio de Almeida Prado.

Sempre que havia algum espaço livre, continuava escrevendo. Levei 12 anos trabalhando na biografia da Dulcina, cuja versão completa *Dulcina e o Teatro do seu Tempo* foi publicada pela Lacerda Editora e lançada no Rio no reinaugurado restaurante Fiorentina, que fora (e continua sendo) ponto de encontro dos artistas depois dos espetáculos. Em São Paulo, o lançamento foi no Antiquarius, como haviam sido meus livros anteriores.

Fiz nova revisão do *Mr. Sloane* do Joe Orton que eu já havia traduzido como *Cartas na Mesa.* Com o título de *O Irresistível Mr. Sloane*, Thaís Moniz Portinho a encenou no seu *Teatro Posto Seis*.

Nova Yorque, felizmente antes da tragédia de setembro.

O *Centro Brasileiro Britânico de São Paulo* me convidou para fazer *As Idades do Homem* no seu teatro, e fiz ainda uma apresentação especial dos Sonetos de Shakespeare - que eu dizia em português e, logo depois, em inglês. Repeti o espetáculo em Curitiba e no Rio.

Em 2002 decidi fixar-me apenas em São Paulo, encerrando aquele constante ir e vir que começara em 1958, desde que eu voltara da Inglaterra. O que não impediu que as viagens continuassem, que logo já estava indo fazer uma semana de workshop em Belém a convite do *IAP* (*Instituto de Artes do Pará*). Carlos Leal, da *Francisco Alves*, lançou dois livros de contos – Amor - e incluiu o meu *A Senhora Hernandez e o Coronel Berardo*.

Minha primeira experiência oficial com o cinema foi fazer *O Homem que Sabia Javanês* (Lima Barreto) sob a direção de Xavier de Oliveira. O filme ainda não foi lançado, mas tive a oportunidade de assisti-lo e respirei aliviado porque um dos meus grandes terrores como ator era me ver projetado em dimensões que ultrapassam a realidade. Mas, sinceramente, não só gostei muito do filme como me gostei, coisa rara, já que sou muito exigente comigo mesmo e sempre acho que poderia ter feito melhor.

A Códex lançou mais um romance meu, *A Fuga do Escorpião*, e fiz uma participação relâmpago na novela *O Beijo do Vampiro*, de Antônio Calmon, na qual entrei mudo e saí assassinado. Penetro no fascinante universo das traduções e venho encontrando magníficos autores com quem trabalhar. Mas entre John Cheevers e Sam Shepard. Fiz uma aparição quase relâmpago em *A Casa das Sete Mulheres* (Maria Adelaide Amaral). O personagem era um padre (será uma especialização?). Desta vez revolucionário e covarde. Uma das grandes alegrias destes últimos tempos foi ver a remontagem do meu velho sucesso *Vamos Brincar de Amor em Cabo Frio*, agora dirigido pela Stella Miranda, com coreografia da Deborah Colker.

Em A Casa das Sete Mulheres

Achei curioso ver Cabo Frio ser chamada de *"um clássico do teatro musicado brasileiro".* Sinal de que o tempo passa mesmo. Mas foi uma alegria imensa reencontrar, depois de tanto tempo, meu compositor João Roberto Kelly e me deleitar com o trabalho da Stella e do elenco jovem.

É sempre chegado o momento em que - depois de falar tanto de passado - espera-se que se fale do futuro. Eu não penso muito em futuro. O futuro para mim começa sempre quando acordo no dia seguinte e o importante é o dia que eu vou começar a viver. Mas é claro que no horizonte, ainda bem, existem sempre promessas. Eu deverei continuar fazendo participações especiais em televisão, como a que acabo de fazer na minissérie *Um Só Coração* (Maria Adelaide Amaral e Alcides Nogueira). Aliás, um personagem "suculento" que me deu muita alegria, sobretudo porque os diálogos eram muito bem escritos. Continuarei, é claro, escrevendo, porque este é um vício do qual eu não pretendo abrir mão. Escrevo primeiramente à mão, depois passo para a velha máquina

Olivetti (mas tenho uma Olympia alemã que comprei em 1954, que parei de usar porque algumas letras estão gastas) e daí alguém digita o texto no computador... Meu único pesar, sem o menor traço de dramaticidade, é não ter mais vinte anos de vida ativa. Mas espero que me seja dada pelo menos a alegria de outros quinze...

Como eu digo ao terminar *As Idades do Homem*, relembrando o texto de Próspero em *A Tempestade*, *"Agora chegamos ao fim."* Que estas lembranças distraiam e divirtam a quem as ler tanto quanto divertiram e distraíram a mim, recordando-as. Obrigado.

Sérgio Viotti por Sérgio Viotti

Como você define a arte de interpretar?

"Interpretar é agir. Agir no sentido mais puro da ação. Quer um exemplo? Vá para o centro do placo e fique imóvel, sem nenhuma expressão no rosto, olhos mortiços, nenhum movimento de mãos, braços ou dedos. Nada a fazer com as pernas. Agora, sinta ódio. Depois, amor. Depois, exaustão. Depois, alívio e depois e depois e depois, todas as sensações que lhe vierem à cabeça. Mas nunca executando qualquer movimento e sem deixar transparecer a menor expressão facial. O que é que o público vai ver? Vai ficar olhando para um boneco inexpressivo, uma forma sem vida. Agora, quando sentir ódio, faça algum movimento que dê a mim, que estou lhe vendo, a sensação de que você está sentindo ódio. E assim sucessivamente, através de ações que reflitam seus mais variados estados de espírito. Eu tenho que perceber o que você está sentindo e, se você não agir, eu não vou sentir. Por isso, é extremamente importante que o ator não seja apenas o espelho de uma emoção.

Ele deve ter o reflexo dessa emoção em movimento."

Memória emotiva é útil?

"Útil, não imprescindível. Aliás, nada é imprescindível. Se todos os caminhos levam a Roma, há vários caminhos para nos levar às verdades dos personagens. Memória emotiva nos faz lembrar "papai" Stanislavski. O chamo de "papai" com o mesmo carinho com que chamo Shakespeare de Guilherme. O processo do Stanislavski (não gosto de dizer método, pode parecer que a única verdade está no Actor's Studio) é extremamente valioso como um auxílio preciso, exato e inteligente, para permitir que o ator faça coincidir a sua verdade com a verdade do personagem, especialmente dos personagens que exigem um mergulho dentro da alma, um processo fundo e complicado. Absolutamente sozinhos dentro da vasta solidão das emoções humanas, damos graças pelo "papai" ter tido a sagrada inspiração da memória emotiva. Não é preciso assassinar uma Desdêmona por noite para ser um bom

Otelo, mas a memória emotiva pode nos sugerir, ainda que de longe, o que seja a emoção do nosso primeiro ciúme. O que tenha sido o tremor da nossa primeira necessidade de vingança, por menor que tenha sido. E, pior e inconfessável, aquele momento em que pensamos, sozinhos em nosso quarto escuro: "Se eu pudesse, matava!" Assim, sabendo pinçar a sombra da emoção certa, estendendo a mão para que ela seja colhida pela memória emotiva, chegamos lá. Ou deveríamos."

Quais são os ingredientes fundamentais que o ator deve ter?

"Partindo da premissa que haja algum talento, são imprescindíveis inteligência, imaginação e sensibilidade".

Há personagens que você gostaria de ter feito e não fez?

"Para ser franco, eu jamais pensei em desejar fazer um ou vários papéis determinados. Tive a sorte de representar (na televisão) duas adaptações de Dostoievski que me deram

enorme satisfação: o Raskolnicoff de Crime e Castigo, *e o Kirilov de* Os Possessos. *E, é claro, o Conselheiro Acácio, de* O Primo Basílio. *Mas pensando no imenso repertório à disposição, há muitos papéis que teria sido prazeroso fazer. Não podemos ignorar Lear, Macbeth, Próspero, Falstaff, e o maravilhoso alcoviteiro de Troillus e Cressida, Pandarus. Nem o Benedick (*Muito Barulho por Nada*), ou os meu amadíssimos Malvolio e Sir Andrew Aguecheek, ambos de* Noite de Reis. *E há tantos e tantos outros papéis fascinantes que nem tendo uma companhia própria haveria tempo de vida para fazer todos esses maravilhosos personagens."*

E dos personagens que já representou no teatro, quais os que lhe deram mais prazer?

"Sempre acho que fiz muito pouco teatro. Primeiro porque as peças ficavam muito tempo em cartaz e, segundo, porque fiquei durante muitos anos mais ligado à televisão. Mesmo assim, em retrocesso, meus papéis em O Contato, My Fair Lady, *todas as leituras dramáticas sem exceção,* Queridinho, Roman-

ceiro, *Mr. Morgan (*Sleuth*), Pierre Lannes (*Os Amantes de Viorne*), Dr. Sloper (*A Herdeira*), Max (*Volta ao Lar*) e – evidentemente -* As Idades do Homem. *Foram papéis que não me deram apenas prazer. Me desafiaram. Me ensinaram alguma coisa. Espero ter aprendido."*

As peças que ficam muito tempo em cartaz costumam trazer problemas?

"Temos que ficar atentos para que o hábito não nos leve ao desleixo, o maior perigo. Conhecer demais os pequeninos segredos, os pequeninos truques, as pequeníssimas soluções de problemas durante a carreira de uma peça pode - ao contrário do que muita gente imagina - fazer o ator piorar a qualidade da sua interpretação. Tudo é uma questão de disciplina. Nesses momentos, o ator se irmana com o desportista. O fato de um jogador de futebol, por exemplo, já ter participado de várias centenas de jogos e feito um invejável número de gols não quer dizer que ele pode fazer corpo mole e deixe de se aplicar quando estiver correndo pelo verde.

Nosso campo de ação é de menor tamanho, é apenas um palco, mas é preciso ter em mente que o público que lá está nos vê pela primeira vez e não podemos perder de vista nosso objetivo final: esclarecer a verdade sobre nosso personagem e sobre a peça como um todo."

O que os prêmios significam?

"Em qualquer profissão, o prêmio é extremamente válido como apoio, segurança. A certeza de que seu trabalho foi reconhecido justifica toda a sua dedicação e empenho. Por outro lado,

*sei que o prêmio não altera nossa essência. Dulcina de Moraes disse algo a respeito disso que julgo verdadeiro e fundamental: '*Todos nós temos o direito do acerto e do erro e todos nós também temos o direito de grandes sucessos e estrondosos fracassos*'."*

O trabalho como ator, na televisão, lhe satisfaz?

"Devo admitir que a televisão nem sempre oferece ao ator suas melhores oportunidades. Por outro lado, acredito que existem aí dois aspectos importantes: fazer televisão, ou seja,

estar envolvido na engrenagem desse veículo, e sentir prazer em representar na televisão. Uma das coisas mais prazerosas desse trabalho é o convívio humano. No teatro, os elencos estão cada vez menores e a duração do convívio é, infelizmente, cada vez mais curta, coisa que não acontece na televisão. Uma novela pode manter o ator contratado por mais de sete meses. Há tempo de sobra para conhecer as pessoas e, com sorte, ficar amigo delas. Não importa que haja uma separação às vezes longa antes de voltar a trabalhar com o mesmo colega, porque quando isso acontece é como se não tivesse havido hiato algum. O outro lado da moeda é que nem sempre a televisão nos proporciona o prazer dos melhores papéis. Mesmo assim, tive a sorte de interpretar personagens marcantes na minha carreira televisiva. Sempre peço que me confiem papéis conflitantes, contraditórios, de homens maus, e sempre escuto a mesma resposta: 'Você tem cara de bom e de rico'. *Agradeço pela primeira cara. Ficamos aí".*

E quanto ao cinema?

"Não posso opinar, porque só participei oficialmente de um filme, O Homem que Sabia Javanês, *em 2002, sob a direção de Xavier de Oliveira, que tem lançamento previsto para 2004".*

Como você se relaciona com a platéia?

"Não há dois tipos de platéia, a boa e a má. Existem vários tipos de platéia. Existe uma troca de vibrações entre palco e platéia. Do momento em que você pisa em cena é muito comum sentir, saber, ter certeza, perceber se a platéia é acolhedora ou negativa, difícil. Principalmente quando se está fazendo uma comédia. Há platéias generosas, que aceitam o ator e seu trabalho de braços abertos. Há outras rijas e inexpugnáveis como a Muralha da China. Quando se está representando um drama, há necessidade de se estabelecer a famosa 'quarta parede' *entre nós e eles. Devo admitir que há platéias burras. E platéias de uma inteligência aguçada, ávidas de querer gostar. Estas são o sonho de todos nós".*

Quais os atores e atrizes que você mais admira?
"A primeira vez que me dei conta do que era realmente um grande ator foi quando vi Laurence Olivier no cinema, impressão que se confirmou ao longo das muitas vezes que o vi no palco. Para mim ele foi, é e será sempre o maior de todos. Outro ator admirável é Alec Guiness, o maior camaleão que eu tenho conhecimento. Entre as atrizes, aplausos para Peggy Ashcroft, a sofredora Esther em Profundo Mar Azul *e uma inacreditável* Cleópatra *shakesperiana, a mais sensual e viciosa serpente do Nilo que se possa imaginar. A última visão que tenho dela foi Mrs. Moore olhando o brilho da lua na sua última cena do filme* Passagem para a Índia. *Inesquecível".*

Se você tivesse que ir para uma ilha deserta, que livros levaria?
"Acho que só levaria a Bíblia. Está tudo lá, é a fonte de todos os enredos".

Qual foi seu primeiro livro publicado?
"Inesperadamente foi um volume de poesias

publicado em Portugal em 1954, cujo título é Invenção Triste. *Tudo aconteceu porque eu conheci em Londres o grande poeta português Antonio Casais Monteiro. Em longas conversas noite adentro, acabei confessando que tinha algumas poesias na gaveta e ele quis vê-las. Leu, gostou, e levou uma cópia quando regressou a Lisboa. Algum tempo depois me escreveu dizendo que as poesias seriam publicadas. O que de fato aconteceu.*

Deixei de escrever poesias porque acho que é uma responsabilidade imensa. Era melhor parar por ali mesmo. Ainda assim o Casais escreveu um lindíssimo prefácio para meu livro".

Quais são as melhores coisas da vida?

*"Não importa onde eu esteja vivendo, para mim o melhor lugar do mundo é a minha casa. Os ingleses têm um provérbio que diz '*A casa do inglês é o seu castelo'. *Mesmo que eu more num quarto e sala, ali é o meu castelo. Outra coisa que adoro é poder estar na minha escrivaninha, lendo ou escrevendo, sempre na minha casa. A terceira coisa é estar com as pessoas que eu amo.*

Na minha casa! Eu devo ser uma pessoa muito egoísta, egocêntrica, porque eu centralizo tudo ao meu redor, trancado na minha casa."

Além do teatro e dos livros, quais são suas outras áreas de interesse?

"Tenho paixão por astronomia e arqueologia. Não entendo nada, nem de uma nem de outra, mas me fascinam. Uma porque cuida daquilo que está lá no alto e outra porque se baseia no que está embaixo da terra... Se ainda acho que a lâmpada elétrica é uma coisa fantástica, imagine o meu fascínio por essas fotos de estrelas, essas pesquisas espaciais. Para mim tudo é milagre. Uma criança que nasce é milagre, uma flor é milagre, a televisão é uma coisa milagrosa, computador então nem se fala! Nós somos uma coisa milagrosa. Não que eu seja uma pessoa mística, mas o misticismo roça na minha pele. Quando você tem a idade que eu tenho, você pensa no acúmulo de pequeninas coisas que lhe transformaram naquilo que você é hoje e se pergunta: 'Quem eu sou realmente?' *É muito difícil responder. Penso em Mário de Andrade,*

no seu famoso 'Eu sou trezentos, eu sou trezentos e cinqüenta...' *Quantos milhares a mais do que esses trezentos e cinqüenta do Mário nós somos? Quantos? Eu não sei quantos eu sou, porque às vezes me perco em mim, me perco dentro de mim. Muitas vezes basta uma frase qualquer, que pode até ser de um filme que eu esteja assistindo, para que isso desencadeie uma torrente riquíssima de pensamentos (até contraditórios), e todos eles conduzem a uma viela, como aquelas vielas sombrias das cidades medievais que dão numa praça aberta onde bate o sol. Tudo se encaminha para a Luz. Quando me perguntam o que eu acho que é a morte, sempre digo que a morte é o fim de todas as perguntas. É a hora em que você diz* 'Ai, meu Deus, então era isso???' "

Cronologia

Teatro - Ator

1961
O Contato (Jack Gelber)
Direção: Jack Brown
Teatro Maison de France - Rio de Janeiro

O Idiota (Dostoievsky)
Direção: Jack Brown
Teatro Maison de France - Rio de Janeiro

1962
O Milagre de Anne Sulivan (William Gibson)
Direção: João Bethencourt
Teatro Copacabana - Rio de Janeiro

Você Pode Ser o Assassino (Alfonso Paso)
Direção: C.H. Christensen
Teatro Copacabana - Rio de Janeiro

1963
My Fair Lady (Alan Jay Lerner e Fred Loewe)
Direção: Harry Woolever
Teatro Carlos Gomes - Rio de Janeiro

Vamos Contar Mentiras (Alfonso Paso)
Direção: Antônio de Cabo
Teatro Ginástico - Rio de Janeiro

Os Direitos da Mulher (Alfonso Paso)
Direção: Antônio de Cabo
Teatro Ginástico - Rio de Janeiro

1964
Qualquer Quarta-Feira (Muriel Resnik)
Direção: Maurice Vaneau
Teatro Copacabana - Rio de Janeiro

1965
O Noviço (Martins Pena)
Direção: Dulcina de Moraes
Teatro Nacional de Comédia - Rio de Janeiro

1966

Um Pouco de Loucura Não Faz Mal a Ninguém (Michel André)
Direção: Sérgio Viotti (também no elenco)
Teatro Maison de France - Rio de Janeiro

1967
À Margem da Vida (Tennessee Williams)
Direção: Sérgio Viotti
Excursão pelo Brasil

Falávamos de Rosas (Frank Gilroy)
Direção: Sérgio Viotti (também no elenco)
Excursão pelo Brasil

1967
Queridinho (Charles Dyer)
Direção: Martin Gonçalves
Teatro Princesa Izabel - Rio de Janeiro

Verão (Romain Weingarten)
Direção: Martin Gonçalves
Teatro Princesa Izabel - Rio de Janeiro

1968
Tragédia em Vila Rica – O Romanceiro da Inconfidência (Cecília Meirelles)
Direção: Maria Fernanda
Teatro de Ouro Preto - Minas Gerais

1969
Tudo no Jardim (Edward Albee)
Direção: Flávio Rangel
Teatro Maria della Costa - São Paulo

1971
Um Vizinho em Nossas Vidas (Françoise Dorin)
Direção: Dulcina de Moraes
Teatro Gláucio Gil - Rio de Janeiro

1972
Os Amantes de Viorne (Marguerite Duras)
Direção: Osmar Rodrigues Cruz
Teatro Aliança Francesa - São Paulo

1972-1973
O Estranho Caso de Mr. Morgan (Anthony Schaffer)
Direção: Antunes Filho
Teatro Itália - São Paulo

1978
Os Amantes (Harold Pinter)
Direção: Dorival Carper
Teatro Municipal - São Paulo
Excursão pelo estado de São Paulo - 1978

1985
A Herdeira (Henry James)
Direção: Flávio Rangel

Teatro Itália - São Paulo

1986
O Que o Mordomo Viu (Joe Orton)
Direção: Flávio Rangel
Teatro Clara Nunes - Rio de Janeiro

1989-1990
A Estrela do Lar (Mauro Rasi)
Direção: Mauro Rasi
Teatro Copacabana - Rio de Janeiro

1991
Baile de Máscaras (Mauro Rasi)
Direção: Mauro Rasi

Teatro do 4 - Rio de Janeiro
As Idades do Homem (trechos de peças de Shakespeare)
Direção: Dorival Carper
Teatro Laura Alvin - Rio de Janeiro, 1991
Teatro Municipal - São Paulo, 1992
Teatro Cultura Artística - São Paulo, 1993
Excursão pelo Brasil – 1993

1992
A Volta ao Lar (Harold Pinter)
Direção: Luiz Artur Nunes
Teatro Copacabana - Rio de Janeiro

1994
As Regras do Jogo (Noel Coward)
Direção: Dorival Carper
Teatro Tereza Rachel - Rio de Janeiro

1997
Humoresque (Sérgio Viotti)
Direção: Dorival Carper
Teatro Cultura Artística - São Paulo
Excursão pelo estado de São Paulo - 1997

1999-2000
Pedro e o Lobo (Prokofieff / Justin Loche)
Teatro Municipal - Rio de Janeiro

Leituras Dramatizadas

1966
Electra e os Fantasmas (Eugene O'Neill)
Direção: Martin Gonçalves
Teatro da Embaixada Americana - Rio de Janeiro

A Longa Jornada para a Noite (Eugene O'Neill)
Direção: Martin Gonçalves
Teatro da Embaixada Americana - Rio de Janeiro

1976
Um Equilíbrio Delicado (Edward Albee)
Direção: Sérgio Viotti
Clube Harmonia de Tênis - São Paulo

Teatro - direção

1957
Três Monólogos:
- *Antes do Café (*Eugene O'Neill);
- *A Mais Forte* (Strindberg);
- *A Voz Humana* (Jean Cocteau)

Atriz: Madalena Nicol
Arts Theatre - Londres

1959
Viagem a Três (Jean Letraz)
Elenco: Jardel Filho, Ana Maria Nabuco
Teatro Cultura Artística - São Paulo

A Folha de Parreira (Jean Bernard Luc)
Elenco: Rubens de Falco, Dália Palma, Dina Lisboa, Irene de Bojano, Célia Biar, Ruy Affonso, Maurício Barroso
Teatro Cultura Artística - São Paulo

1960
Dona Rosita, a Solteira (Garcia Lorca)
Elenco: Maria Clara Machado, Virgínia Valli, Martha Rossman
Teatro Tablado - Rio de Janeiro

1965
Vamos Brincar de Amor em Cabo Frio (Sérgio Viotti)
Elenco: Dulcina, Jardel Filho, Márcia de Windsor, Dirce Migliaccio, Cláudio Cavalcanti, Sônia Clara
Teatro Dulcina - Rio de Janeiro

As Inocentes do Leblon (Barrilet e Grédy)
Elenco: Tereza Amayo, Yolanda Cardoso, Dorival Carper, Paulo Serrado, Margot Baird
Teatro Carioca - Rio de Janeiro

1965
As Viúvas do Machado (Sérgio Viotti / Machado de Assis)
Elenco: Eva Todor, Mauro Brasini, Pepa Ruiz, Paulo Nolding
Teatro do Rio - Rio de Janeiro

Martins Pena faz Rir:
- *Quem casa quer casa*
- *Desgraças de uma criança*

Elenco: Manuel Pêra, Napoleão Muniz Freire, Helena Inês, Dorival Carper
Teatro Princesa Izabel - Rio de Janeiro

1966

Amor Depois das Onze (coletânea)
Elenco: Maria Pompeu, Djenane Machado, Beth Carvalho, Amândio
Teatro de Bolso - Rio de Janeiro

Um Pouco de Loucura Não Faz Mal a Ninguém (Michel André)
Elenco: Sérgio Viotti, Wanda Lacerda, Elza Gomes, Dorival Carper
Teatro Maison de France - Rio de Janeiro

1967
Falávamos de Rosas (Frank Gilroy)
Elenco: Sérgio Viotti, Dorival Carper, Yolanda Cardoso
Excursão pelo Brasil

1967
À Margem da Vida (Tennessee Williams)
Elenco: Sérgio Viotti, Yolanda Cardoso, Dorival Carper, Margot Baird
Excursão pelo Brasil

1968
O Segundo Tiro (Robert Thomas)
Elenco: Márcia de Windsor e Ítalo Rossi
Excursão pelo Brasil

1969
Harmonia e Contrastes (colagem - poemas)
Elenco: Dorival Carper, Heleno Prestes, Fernando Lébeis
Excursão pelo Brasil

1971
Querido, Agora Não (Ray Cooney)
Elenco: Ary Fontoura e Felipe Carone
Teatro Copacabana - Rio de Janeiro

1977
Maflor (Sérgio Viotti)
Elenco: Beatriz Segall e Ruthinéia de Moraes
Teatro São Pedro - São Paulo

1989
Outra Vez (Ron Howard)
Elenco: Leonardo Villar, Edwin Luisi, Wanda

Lacerda
Teatro Villa Lobos - Rio de Janeiro

Teatro - Prêmios

Prêmio ABCT - 1961
O Contato – Ator revelação

Prêmio ABCT - 1962 (teatro musicado)
My Fair Lady – Melhor ator coadjuvante

Prêmio Molière - 1967
Queridinho – Melhor ator

Prêmio APCA - 1985
A Herdeira - Melhor ator

Prêmio Shell – 1992
A Volta ao Lar – Melhor ator

Teatro - Peças Inéditas

Bolero
A noiva do vento (Alma Maler)
Ligações não muito perigosas
Doralice, meu amor

Teatro - Produção

1965
As Inocentes do Leblon (Barrilet e Grady)

1967
Queridinho (Charles Dyer) Co-produção

Verão (Romain Weingarten) Co-produção

1978
Os Amantes (Harold Pinter)

1991 - 1992 - 1993
As Idades do Homem (Shakespeare)

1996
O Que o Mordomo Viu (Joe Orton)
Co-produção

1997
Humoresque (Sérgio Viotti)

Teatro - Traduções Encenadas

1965
As Inocentes do Leblon (*Lês Chouettes,* de Barriley e Grédy - Adaptação)
Teatro Carioca - Rio de Janeiro

1966
Schweik na Segunda Guerra Mundial
(Bertold Brecht)
Fundação Teatro Guairá - Curitiba
Direção: Cláudio Corrêa e Castro

Um Pouco de Loucura Não Faz Mal a Ninguém
(*Dês Doux Dingues*, de Michel André - Adaptação)
Teatro Maison de France - Rio de Janeiro

Electra e os Fantasmas (Eugene O'Neill)
Leitura dramatizada no Teatro da Embaixada Americana - Rio de Janeiro

1967
Falávamos de Rosas (Frank Gilroy)
Excursão pelo Brasil

Queridinho (*Staircase*, de Charles Dyer)
Teatro Princesa Izabel - Rio de Janeiro

1971
Um Vizinho em Nossas Vidas
(*Lês Bonshommes*, de Françoise Dorin – Adaptação)
Teatro Gláucio Gil - Rio de Janeiro

1981
Como Agitar seu Apartamento

(Lês Chouettes, de Barrilet e Grédy)
Teatro Hilton - São Paulo

1985
Não Ande Nua Por Aí
(*Nẹ te promene pas donc tutte nue*, de Feydeau - Adaptação)

1988
Os Amantes (*The Liver*, de Harold Pinter)
Teatro Municipal de São Paulo e excursões

1989
Outra Vez (*Another Time*, de Ron Howard)
Teatro Villa Lobos - Rio de Janeiro

1994
As Regras do Jogo (*A Song at Twilight*, de Noel Coward)
Teatro Tereza Raquel - Rio de Janeiro e excursões

2001
O Irresistível Mr. Sloane (*Entertaining Mr. Sloane*, de Joe Orton)
Teatro Posto Seis - Rio de Janeiro

Traduções Publicadas
(Teatro e Ficção)

1964
O Anjo de Pedra, de Tennessee Williams (Editora Letras e Artes)

1965
Como não Escrever uma Peça de Teatro, de Walter Kerr (Editora Letras e Artes)

1967
Falávamos de Rosas, de Frank Gilroy (Editora GRD)

1969
Um Equilíbrio Delicado, de Edward Albee (Editora Bloch)

1992
Schweik da Segunda Guerra Mundial, de Bertold Brecht (Editora Paz e Terra)

1998
Desejo-lhes Amor: Conversas com Marlene Dietrich, de Eryk Hanut (Editora Mandarim)

1999
Diálogos no Palco, de Paul Heritage (Editora Francisco Alves)

2003
O Escândalo de Wapshot, de John Cheever (Editora ARX)

Enquanto a Inglaterra Dorme, de David Leavitt (Editora ARX)

Grande Sonho do Céu, de Sam Shepard (Editora ARX)

2004
A Infinita Variedade dessa Mulher (Editora Girafa)

O Virador de Páginas, de David Leavutt (Editora ARX)

Rádio - Direção Artística

1971-1973
Rádio Ministério da Educação
Rio de Janeiro

1972- 1983
Rádio Cultura (Fund. Padre Anchieta) – AM
São Paulo

1977-1983
Rádio Cultura (Fund. Padre Anchieta) – FM
São Paulo - Produção e Apresentação

(Programas especiais criados por Sérgio Viotti)

1950-1958
BBC de Londres (Serviço Latino-Americano)

1958-1977
Rádio Eldorado (São Paulo)

1971-1973
Radio Ministério da Educação (MEC)
Rio de Janeiro

1972
Encontro
Programa semanal para o Projeto Minerva

1972-1983
Rádio Cultura – São Paulo – AM
Rádio Cultura – São Paulo – FM (Programação de Música de Concerto)

Rádio-Teatro
(Tradutor, produtor, diretor e ator)

1950-1958
Teatro de Câmera
BBC de Londres

1970-1971
Teatro Sérgio Viotti
Rádio MEC - Rio de Janeiro

Rádio - Prêmios

1968
Prêmio Governador do Estado (SP)
Melhor produtor de programação cultural
Emissão através da Rádio Eldorado dos programas *Grandes Mestres- Grandes Obras*, *Bastidores* (programa sobre teatro) e *A História da Música no Cinema*

Jornalismo - Crítica de Teatro

1950-1957
BBC de Londres (Serviço Latino–Americano)

1958
Correio Paulistano – São Paulo

1968
Revista Cláudia

1969-1970
Revista Artes (SP)

1969-1971
Jornal O Estado de São Paulo

Jornalismo - Crítica de Dança

1950-1958
BBC de Londres (Serviço Latino-Americano)

1958
Jornal Correio Paulistano (SP)

1969-1971
Jornal O Estado de São Paulo

1976-1983
Jornal da Tarde (SP)

Jornalismo - Crítica de Ópera

1976-1982
Jornal da Tarde (SP)

Jornalismo
Crítica e Artigos sobre Cinema

1950-1958
BBC de Londres (Serviço Latino-Americano)

1954-1956
Revista Films and Filming (Londres)

Jornalismo - Editoria

1965-1968
Notícias Culturais
Publicação mensal da Embaixada Americana
Rio de Janeiro

1975-1979
Jornal O Estado de São Paulo
Suplemento Cultural: Editor de artes durante o período de sua duração e colaborações regulares no mesmo veículo.

Magistério

1965-1967
Diretor da Escola de Teatro da FBT (Fundação Brasileira de Teatro)
Rio de Janeiro
Professor de Interpretação da FBT
Professor de Direção do FBT

1966-1968
Conservatório Nacional de Teatro (atualmente Depto de Teatro da UNIRIO)

Professor de Interpretação e de Direção

1998-1999
Seminários na CAL – Rio de Janeiro

Televisão

1961-1966
Participou com regularidade na TV Continental-Rio de Janeiro e na TV Rio em programas como *Grande Teatro, Masson conta uma História* e *Teatro Fábio Sabag*.

1961-1966

Como autor, na TV Tupi de São Paulo, escreveu textos e seriados para o *Grande Teatro* e também para o *Teatro Infantil*, além de programas semanais protagonizados por Eva Todor e o seriado *Um Amor em Nossas Vidas* no programa de Maria Tereza Gregori.

1968-1975
Produziu e apresentou inúmeros programas de arte, realizou entrevistas e participou de debates.

1996
Apresentou a série *Século XX* na TV Manchete

Televisão - Assessoria

1968-1971
Assessor do Depto. Artístico da TV Cultura
1972-1976
Assessor do Depto. Cultural da TV Cultura

Televisão - Novelas e Minisséries

1986
Sinhá Moça (Frei José) TV Globo

1987
Corpo Santo (Nikolas, o Grego)
TV Manchete

1988
Primo Basílio (Conselheiro Acácio)
TV Globo

1989
Olho por Olho (Fortunato) TV Manchete

Kananga do Japão (Saul) TV Manchete

1990
Mico Preto (Plínio) TV Globo

1991
Meu Bem, Meu Mal (Toledo) TV Globo

1992-1993
Despedida de Solteiro (Dr. Gabriel)TV Globo

1993-1994
Olho no Olho (Jorginho)TV Globo

1995
Irmãos Coragem (2ª Versão - Dr. Rafael)
TV Globo

História de Amor (Gregório) TV Globo

1996
Você Decide
Episódios *Retrato em Branco e Preto* e *Em Nome do Padre* – TV Globo

1997
Participação especial na novela *Xica da Silva*, da TV Manchete (Conde da Barca)

De Amor e Ódio (Zaragoza) TV Record

1998
Anjo Mau (2ª Versão - Américo) TV Globo

1998-1999
Suave Veneno (Tio Alceste) TV Globo

2000
Participação especial na novela *Terra Nostra* e na minissérie *Os Maias* (Frei Cordeiro), da TV Globo.

2004- Um Só Coração (Samuel Rosemberg) TV Globo

Cinema

1996
Papel título em *O Senhor Embaixador*, de Marcelo França

Curta metragem *O Amor Natural*, sobre Carlos Drummond de Andrade, de autoria de Heddy Honigman e vencedor do prêmio da RAI em 1997

2002
O Homem que Sabia Javanês, de Xavier de Oliveira, no papel do Barão

Outros Prêmios

Prêmio APCA – Televisão
Novela *Corpo Santo* (TV Manchete)
Melhor ator

Prêmio Walmap de Literatura
Primeiro lugar com o romance E Depois o Nosso Exílio – 1969

Prêmios ABCT – Televisão 1961
Ator – Revelação
Autor- Revelação

Prêmio Qualidade Brasil – 1993

Prêmio Qualidade Brasil – 1995

Obras de Ficção - Autor

1954
Invenção Triste (poesia)
Publicado em Lisboa

1969
E Depois o Nosso Exílio
Editora Bloch

1991
Dulcina – Primeiros Tempos (1908-1937)
Editora Fundacem

1995
Cerimônia da Inocência
Editora TopBooks

1997
A Partida Sempre (contos)
Editora TopBooks

2000
Dulcina e o Teatro de seu Tempo
Lacerda Editora

2003
A Fuga do Escorpião
Editora Codex

Outras Atividades

1968
Conferências sobre Teatro Brasileiro em diversas universidades americanas a convite do Departamento de Estado daquele país

1969-1971
Membro do Conselho do Museu da Imagem e

do Som (MIS) em São Paulo

1972
Presidente da CET (Comissão Estadual de Teatro) – São Paulo

1975-1980
Comissão Fullbright – Membro da Banca Examinadora dos candidatos a bolsas de teatro

1975-1981
Membro do Conselho da Sociedade de Cultura Artística de São Paulo

1975-1980
Membro do Conselho dos Companheiros das Américas (Sociedade de Intercâmbio Cultural)

1978-1984
Membro do Conselho da Cultura Inglesa (São Paulo)

1978-1984
Membro do Conselho Fiscal da Mozarteum (São Paulo)

1982- hoje
Presidente do Conselho Curador da Fundação Brasileira de Teatro (Brasília)

com Myrthes Paranhos 1965

195

O Pavão Verde

Tempestade na Rua Sycomore

Em casa, Rio 1989

O Príncipe Mexicano

My Fair Lady

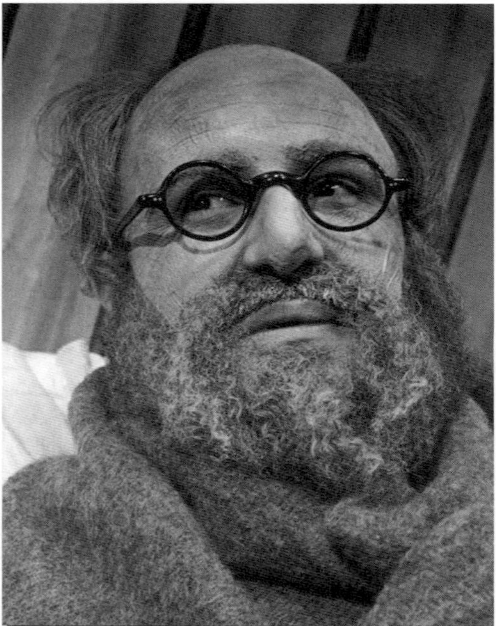

A Ilha da Páscoa

O Inspetor Geral

A Ceia dos Cardeais

Feliz Assassinato, com Dorival Carper e Rosita Tomás Lopes

Os Possessos

A Letra Escarlate

O Genro de Muitas Sogras

A Aventura

O Suplício

A Escrava da Judéia

Ensaio Geral

Boabdil

Nossa Mulher é Sua

O Profundo Mar Azul

O Soldado Fanfarrão

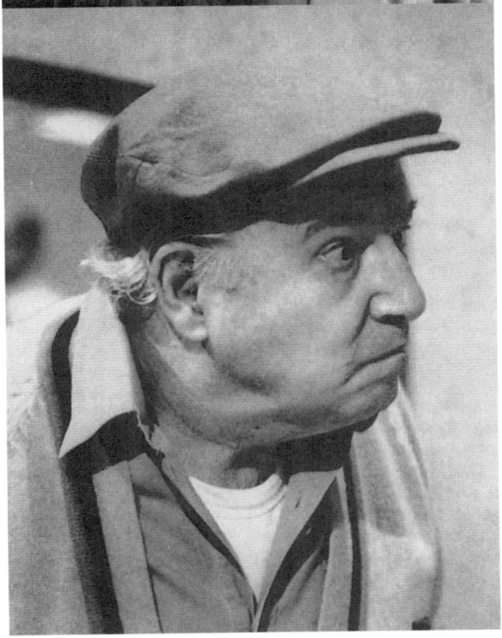

A Volta ao Lar

Créditos das fotografias

pg.81 - Alexandre (Rio)
pg.85 - Carlos (Rio)
pg.111 - Madalena Schwartz
pg.122 - Lena
pg.128 / 148 - TV Globo / Nelson Di Rago
pg.135 / 140 / 147 - TV Globo / Jorge Baumann
pg.138 - TV Globo / Bazilio Calazans
pg.152 - TV Globo
pg.196b - Manchete
pg.197 / 199b / 201b - Waldyr de Souza
pg.199a - Wilson Ribeiro

Demais páginas: acervo Sérgio Viotti

fotolito, impressão e acabamento
imprensaoficial
Rua da Mooca, 1921 São Paulo SP
Fones: 6099-9800 - 0800 123401
www.imprensaoficial.com.br